STRATEGIE, STRUMENTI E TRUCCHI
PER LA RICERCA ONLINE

TROVARE TUTTO SU INTERNET

MARCO CEVOLI
CON ALESSANDRA GHIAZZA

Trovare tutto su internet. Strategie, strumenti e trucchi per la ricerca online.
Di Marco Cevoli con Alessandra Ghiazza

Copertina: Marco Cevoli
Progetto grafico: Marco Cevoli

Qabiria Studio SLNE
Carrer Lleida, 3 1-2
08912 Badalona - Spagna
https://qabiria.com

Prima edizione Marzo 2019

Sommario

Prefazione 9

1. Navigare in un oceano di informazioni 12

1.1 Eccesso di informazioni 12

1.2 Sovraccarico cognitivo 15

1.3 Caducità delle pagine 16

2. Strumenti per la ricerca 19

2.1 Directory generaliste 20

2.2 Directory specializzate 21

2.3 Motori di ricerca 22

2.3.1 Motori generalisti 23

2.3.2 Motori specializzati 24

2.3.3 Metamotori 25

2.3.4 Motori intelligenti 25

2.3.5 Funzionamento dei motori di ricerca 26

2.3.6 Vantaggi e svantaggi dei motori di ricerca 28

3. Definire un obiettivo di ricerca 30

3.1 Differenza fra sfogliare e chiedere 31

3.2 Che cosa stiamo cercando davvero? 32

3.3 Esempi di strategie 33

4. Come porre domande 40

5

4.1 Chiarezza..42

4.2 Sintesi...43

4.3 Netiquette..44

5. Google come punto di partenza..........................46

5.1 L'ecosistema Google....................................46

5.2 Introduzione alla ricerca con Google................49

5.3 Leggere i risultati di una ricerca.....................52

5.4 Sintassi e operatori di base..........................54

5.4.1 Operatori booleani.................................54

5.5 Ricerca avanzata..56

5.5.1 Ricerca per tipo di file............................59

5.5.2 Ricerca per data...................................60

5.5.3 Ricerca per lingua.................................61

5.5.4 Ricerca per sito, pagina o collegamenti in uscita.............62

5.5.5 Ricerca di definizioni..............................64

5.5.6 Ricerca nel corpo del testo e nel titolo............66

5.5.7 Ricerca di pagine correlate........................68

5.5.8 Altri operatori.....................................69

5.5.9 Simboli..72

5.5.10 Combinare gli operatori..........................73

5.6 Funzioni di calcolo......................................74

5.7 Ricerca di immagini.....................................79

5.8 Google Libri...83

6. La ricerca nei social network..............................88

6.1 Facebook..89

6.2 Twitter...92

6.3 LinkedIn.. 98

6.4 Reddit.. 103

6.5 Quora.. 108

7. Verificare l'attendibilità delle fonti...........................114

7.1 Ranking e attendibilità.......................................114

7.2 Termini soggettivi... 115

7.3 Una ricerca in più..117

7.4 Leggere l'URL della pagina.................................117

7.5 Controllare le date.. 122

7.6 Autore, scopo e destinatari................................ 122

8. Questioni di riservatezza....................................... 126

8.1 Disattivare il tracciamento................................. 127

8.2 Navigazione in incognito................................... 128

8.3 VPN.. 129

8.4 Tor... 130

8.5 Manipolare gli URL... 131

9. Salvare i risultati delle ricerche................................ 137

9.1 I preferiti del browser...................................... 137

9.2 Sincronizzare i preferiti....................................140

9.3 I preferiti online..140

9.3.1 Pinboard..141

9.3.2 Diigo 143

9.3.3 Evernote... 143

9.3.4 OneNote 145

9.3.5 Pocket 145

Prefazione

Da quasi vent'anni lavoro nel settore delle traduzioni e sono il titolare – insieme al mio socio Sergio Alasia – di un'azienda chiamata Qabiria (con la «Q») che nel 2018 ha compiuto 10 anni. Oltre a fornire servizi di traduzione e di localizzazione, in Qabiria fin dall'inizio ci siamo posti come obiettivo quello di migliorare la produttività attraverso l'uso creativo della tecnologia. Quando abbiamo appurato che eravamo in grado di migliorare la nostra produttività interna, forti dei risultati ottenuti, abbiamo iniziato a condividere le nostre ricette con altri fornitori di servizi linguistici, impartendo corsi e seminari.

In questi anni, oltre a tradurre, correggere e gestire progetti, abbiamo infatti trovato il tempo di dedicarci anche all'attività di formazione, che è poi sfociata in due libri. Il primo è stato *Guida completa a OmegaT*[1], il primo manuale per questo programma di traduzione assistita gratuito e open source, OmegaT[2] appunto. Più di recente, abbiamo pubblicato un testo per traduttori freelance, *Il traduttore insostituibile*[3], che ha lo scopo di guidare i linguisti a scoprire la propria unicità in un mercato troppo spesso indifferenziato.

Con *Trovare tutto su internet*, scritto con la preziosa collaborazione della collega Alessandra Ghiazza, abbiamo deciso di allargare il campo, affrontando un problema che non dovrebbe essere tale, ma che invece rappresenta un ostacolo per tanti professionisti che dipendono da internet per la ricerca di informazioni.

Perché un libro sulla ricerca? Che cosa c'è da imparare sul cercare online, un'attività che tutti eseguiamo ogni giorno quasi senza accorgercene?

Cercare online è un po' come guidare: tutti pensano di farlo bene. Invece, secondo noi c'è ancora molto da imparare. Fra le nostre mansioni abituali, vi è il coordinamento di un gruppo di traduttori: ci siamo accorti che molti fra loro riscontrano spesso difficoltà nel reperire informazioni che noi invece troviamo piuttosto agevolmente. La questione non va trattata con leggerezza, perché, se per molti impiegati l'abilità di cercare contenuti è sì importante ma non essenziale, per chi lavora con le lingue diventa vitale. Chi scrive, infatti, può ridurre tutta la sua attività a una mera questione di ricerche:

- del termine giusto;
- del concetto giusto;
- del sinonimo giusto;
- della collocazione giusta;
- del traducente giusto.

Non per niente quando si gioca a Trivial Pursuit, i traduttori si comportano generalmente bene. Siamo tuttologi per definizione.

In queste pagine cercheremo di spiegare innanzi tutto come funzionano i motori di ricerca, seppure a grandi linee, perché è utile capire che cosa avviene dietro le quinte per sapere che cosa ci si può aspettare. Poi passeremo in rassegna gli strumenti più utili per la ricerca, soffermandoci su Google Search. Successivamente esporremo quali strategie possono aiutarci a cercare efficacemente testi, immagini e documenti. Verranno trattati argomenti quali il modo giusto di porre una domanda online, come cercare all'interno dei social media, come verificare le fonti, come proteggere la propria privacy durante le ricerche e infine come salvare i contenuti trovati. Gli obiettivi di questo libro sono dunque:

- conoscere il funzionamento di base dei motori di ricerca;
- imparare le strategie e i processi più comuni per eseguire ricerche efficaci di testi, immagini e documenti;
- conoscere le fonti primarie per l'approfondimento dei concetti trattati.

È un libro solo per traduttori, scrittori o giornalisti? Niente affatto. Quasi tutti gli esempi citati attingono dalla nostra esperienza professionale diretta, perciò si riferiscono alle attività legate ai servizi linguistici. Tuttavia, la stragrande maggioranza dei concetti, per non dire tutti, è applicabile a qualsiasi settore. E c'è un altro aspetto da non sottovalutare: qualunque professionista che usa la tecnologia quotidianamente deve essere consapevole che la ricerca non sempre sarà relativa ai testi, ai termini e ai concetti con cui lavora. Spessissimo ci si troverà di fronte a problemi di natura tecnica da risolvere tempestivamente. Anche in questo senso essere abili e rapidi nel reperire le informazioni per la risoluzione dei problemi potrà dare un vantaggio competitivo considerevole.

---

1. S. Alasia e M. Cevoli, *Guida completa a OmegaT. Tecniche, trucchi e consigli per traduttori e project manager*, Qabiria Studio SLNE, Badalona, 2012. Vedi <https://qabiria.com/s/guidaomegat>.
2. OmegaT - The free translation memory tool, <http://www.omegat.org>, ultima cons. 15/06/2018.
3. M. Cevoli, *Il traduttore insostituibile. Specializzazione e posizionamento per i professionisti della traduzione*, Qabiria, 2017. Vedi <http://amzn.to/2zSdiWG>, ultima cons. 15/06/2018.

1. Navigare in un oceano di informazioni

Una volta un tale che doveva fare una ricerca andava in biblioteca, trovava dieci titoli sull'argomento e li leggeva; oggi schiaccia un bottone del suo computer, riceve una bibliografia di diecimila titoli, e rinuncia.
— Umberto Eco

Prima di tutto, cerchiamo di rispondere alla domanda che potrebbe sorgere spontanea: perché è necessario diventare esperti nella ricerca di informazioni? Non basta usare Google?

In un mondo in cui la tecnologia pervade molti aspetti della vita quotidiana, risulta di fondamentale importanza saper usare gli strumenti che essa ci fornisce. L'avvento di internet ha favorito la rapida diffusione di una quantità inimmaginabile di contenuti, un universo di sapere in cui è naturale perdersi. Gli strumenti per la ricerca sono la bussola che permette di orientarsi in questo oceano di informazioni. Padroneggiarli è l'unico modo per sfruttare tutto il potenziale della rete, soprattutto a scopo professionale.

1.1 Eccesso di informazioni

Alcuni dati serviranno a illustrare la portata reale di questo fiume di contenuti. Alla data di chiusura di questo testo esisteva oltre un miliardo e mezzo di siti[1]. Anche considerando che più di tre quarti sono *parked domain*, ovvero nomi a dominio registrati ma senza contenuti effettivi, il numero è comunque enorme, se si calcola inoltre che ogni sito può avere un numero imprecisato di singole pagine.

Secondo alcune stime del 2018[2], in internet in un minuto accadono queste cose:

- 187 milioni di email inviate;
- 4,3 milioni di video visualizzati su YouTube;
- 3,7 milioni di ricerche su Google;
- 973.000 accessi a Facebook;
- 481.000 Tweet inviati.

Rapportati su scala mensile, questi numeri diventano difficili da afferrare:

- 8.078 miliardi di email inviate;
- 159 miliardi di ricerche su Google;
- 42 miliardi di accessi a Facebook.

Se infine le ponderiamo su base annua, le cifre trascendono l'umana capacità di comprensione: 100 trilioni di email inviate in un anno e così via.

Delle pagine esistenti, si calcola che i motori di ricerca ne abbiano indicizzate circa 4,5 miliardi[3]. Il resto fa parte del cosiddetto «deep web».

Il deep web, chiamato anche «web sommerso» o «web invisibile» è quella parte del World Wide Web non indicizzata, ovvero non catalogata, dai comuni motori di ricerca. Secondo alcune stime dovrebbe essere costituito da oltre 500 miliardi di pagine e documenti. Perché queste pagine non sono indicizzate? Di che cosa si tratta? Intanto il deep web non è da confondere con il «dark web», anche se spesso sui media i due termini vengono usati indistintamente. Il dark web è la parte oscura di internet, accessibile solo tramite speciali browser anonimi, su cui si trovano con facilità anche contenuti illegali o al limite della legalità. Il deep web più semplicemente è costituito dalle pagine che un motore di ricerca non può raggiungere, per diversi motivi: perché il proprietario non desidera che il suo contenuto sia pubblico, perché è tecnicamente impossibile raggiungere il contenuto o perché accedere al contenuto rappresenta un illecito. Il deep web include dunque:

- contenuti dinamici;
- pagine «orfane», cioè non collegate ad altre;

- pagine ad accesso ristretto;
- pagine non di testo (ad esempio le animazioni in Flash);
- contenuti illegali, quindi banditi dai motori di ricerca;
- software da scaricare.

Se ci concentriamo sui contenuti multimediali, un altro dato serve ad apprezzare la vastità di questa biblioteca di Babele, che già da tempo va ben oltre la nostra capacità di fruizione: ogni minuto vengono caricate 400 ore di video solamente su YouTube, senza contare Facebook, Dailymotion, Vimeo e tanti altri siti su cui si caricano filmati. È stato inoltre calcolato[4] che una persona dovrebbe vivere oltre 1400 anni per vedere tutti i video presenti su YouTube dall'inizio alla fine.

E quanti sono gli utenti di internet? Il popolo del web è costituito da oltre 4 miliardi di utenti, in costante aumento[5], ovvero circa la metà della popolazione mondiale. Per dirla in altre parole, metà del mondo non ha accesso a internet.

Chi vuole essere sovrastato da queste (e altre) cifre può consultare il sito internet Live Stats[6] che offre aggiornamenti in tempo reale delle statistiche più significative di internet e che, per questo, desta ancor più stupore.

C'è anche un'altra considerazione, non meno importante. Per fortuna o per sfortuna, la maggior parte delle informazioni su internet è irrilevante e di poca utilità. Si pensi alle migliaia di fotografie di gattini che costellano i social... Quindi, tutto sommato, se è pur vero che l'utente medio si perde ogni giorno una considerevole fetta di informazioni, non è poi detto che questo costituisca un gran danno.

Sorprendentemente, questo oceano di informazioni è salvato e scorre su un'infrastruttura fisica. Ovvero, il sito che abbiamo aperto in questo momento sul browser del cellulare o del portatile, ad esempio, si trova su un computer installato da qualcuno da qualche parte nel mondo e arriva a noi dopo un percorso più o meno lungo (quasi sempre *molto* lungo) attraverso cavi, fibra ottica, segnali elettrici, ecc. È un aspetto che passa spesso inosservato, ma molto affascinante, quasi magico. Come diceva l'autore di fantascienza Arthur C. Clarke: «Ogni tecnologia sufficientemente avanzata è indistinguibile dalla magia».

Riquadro 1.1. Sai la differenza fra internet e web?

La rete internet è l'infrastruttura fisica su cui viaggiano i dati, il sistema di reti interconnesse fra loro che usa la suite di protocolli internet chiamata TCP/IP, inventata dagli americani Vint Cerf e Bob Kahn nel 1973. Il web, abbreviazione di World Wide Web, è soltanto uno dei servizi internet, quello che permette il trasferimento e la visualizzazione di documenti e altre risorse, collegate sottoforma di ipertesti e identificati da un indirizzo univoco, detto URL. Basato sul protocollo di comunicazione HTTP (HyperText Transfer Protocol), venne sviluppato inizialmente dall'inglese Tim Berners-Lee nel 1989, un altro dei padri di internet, dato che è anche l'inventore dell'HTML. Oltre al web esistono altri servizi come la posta elettronica (inventata nel 1971 dall'americano Ray Tomlinson), i newsgroup, l'FTP, ecc.

1.2 Sovraccarico cognitivo

Dinanzi a tale quantità e varietà di informazioni si verifica spesso un fenomeno conosciuto come *information overload*, in italiano «sovraccarico cognitivo», che porta l'utente a una sorta di blocco dovuto all'eccesso di alternative possibili. Diventa necessario acquisire dunque nuove abilità, per essere in grado di trovare le informazioni che ci interessano, selezionarle e scremarle senza soffrire. L'acquisizione di queste competenze sarà infatti l'oggetto delle pagine a seguire.

L'incapacità di soffermare l'attenzione sui contenuti pertinenti può essere addirittura il sintomo di vere e proprie patologie: chi è affetto da dipendenza da internet non riesce a fermarsi su un singolo sito web né a ricordare le informazioni consultate, perché percepisce tutto come «rumore».

A questo punto è necessario un distinguo: l'incapacità di prendere decisioni a causa del sovraccarico cognitivo è diversa da quella legata al cosiddetto «paradosso dell'asino»[7], imparentato con la «paralisi per eccesso di analisi». In questi casi infatti un utente si blocca non a causa dell'eccesso di alternative, ma perché incapace di compiere una scelta. Nei prossimi capitoli vedremo come superare questi momenti di impasse.

Riquadro 1.2. Qual è la differenza fra informazioni, dati e contenuti?

La differenza fra informazioni, dati e contenuti può essere sottile, ma è importante per il nostro discorso. Nell'ambito dell'architettura dell'informazione[8], il concetto di *informazioni* fa riferimento a tutto quello che un utente può interpretare dal modo in cui sono ordinati o sistemati gli elementi percepiti. Le informazioni sono quindi soggettive per definizione, a differenza dei dati. I *dati* sono fatti, osservazioni, domande riguardanti un qualsiasi oggetto o argomento. I *contenuti* invece sono gli elementi oggetto dell'osservazione o dell'organizzazione.

A volte può essere significativa anche l'assenza di uno di questi elementi. Ad esempio, in un supermercato potremmo trovare uno spazio vuoto su uno scaffale, fra due file di prodotti. In questo caso le scatolette, i cartellini dei prezzi e le marche dei prodotti rappresentano i contenuti. Gli elementi che ciascuna persona considera o osserva sono i dati. L'interpretazione che si dà a questi dati sono le informazioni. Una persona potrebbe interpretare l'assenza di scatolette in quella fila come segnale del successo del prodotto; un'altra persona come negligenza dell'addetto del supermercato. Sono interpretazioni diverse derivanti dagli stessi contenuti.

1.3 Caducità delle pagine

Quando ci si avvicina alla ricerca in internet non bisogna sottovalutare un altro fattore: la natura volatile dei contenuti online. Le pagine nascono, invecchiano, muoiono, qualche volta resuscitano. Capita che soffrano attacchi esterni e vengano cancellate, con i relativi dati persi irrimediabilmente. Non tutto il materiale messo a disposizione su internet resta online per sempre. Spesso ci si trova di fronte a link che reindirizzano a pagine non più attive, rimosse, spostate o semplicemente dimenticate dai rispettivi proprietari.

Fortunatamente esistono alcune risorse che consentono di recuperare le versioni «scadute» dei siti. Fra le principali vi è The Internet Archive[9], ma esistono anche altre iniziative, fra cui quelle che rispondono al protocollo Memento «Time Travel for the Web»[10]. Tutti questi progetti mirano a preservare una copia di un sito in un dato momento su un server[11] diverso e separato da quello originale. Il contenuto salvato in queste copie è quasi sempre quello esclusivamente testuale, per cui potrebbero mancare i contenuti multimediali (immagini, video, ecc.)

Riguardo a The Internet Archive, si tratta di una risorsa dal valore incommensurabile. Questo sito, gestito da un'organizzazione senza scopo di lucro, raccoglie e mette a disposizione del pubblico un patrimonio di oltre 279 milioni di pagine web, 11 milioni di libri e testi, 4 milioni di registrazioni audio, 3 milioni di video, 1 milione di immagini e oltre 100.000 programmi software. Oltre a questo, dal 1996 si occupa niente meno che di archiviare internet. Più di vent'anni di storia della rete sono accessibili attraverso un sistema denominato Wayback Machine (una sorta di macchina del tempo), che permette agli utenti di tornare a navigare su siti non più disponibili o di visualizzare le versioni precedenti dei siti ancora attivi. Per archiviare i siti, The Internet Archive si avvale di un crawler che estrae e organizza tutti i contenuti salvandoli su server dove vengono poi catalogati, con un processo molto simile a quello seguito dai motori di ricerca che verrà descritto nella Sez. 2.3.5. Per raccogliere invece gli altri contenuti conta non solo sulla collaborazione diretta degli utenti, ma anche su una rete di enti e fondazioni che contribuiscono, ad esempio, alla digitalizzazione dei testi o alla classificazione dei contenuti, sempre con l'obiettivo di mettere ordine al caos, o come espresso più elegantemente sul loro sito «di fornire accesso universale a tutta la conoscenza».

---

1. *Total number of Websites - Internet Live Stats*, <http://www.internetlive-stats.com/total-number-of-websites/>, ultima cons. 12/03/2018.

2. Lori Lewis, *2018 Update: What Happens In An Internet Minute*, <https://www.allaccess.com/merge/archive/28030/2018-update-what-hap-pens-in-an-internet-minute>, 03/04/2018, ultima cons. 30/05/2018.

3. Maurice de Kunder, *The size of the World Wide Web*, <http://www.worldwidewebsize.com/>, ultima cons. 12/03/2018.

4. SuperBowlXX, *Fun with Mathematics: The Finite and Infinite Universe of YouTube*, <https://m.dailykos.com/stories/2011/5/19/976539/->, 19/05/2011, ultima cons. 22/03/2018.

5. *World Internet Users Statistics and 2018 World Population Stats*, <http://www.internetworldstats.com/stats.htm>, ultima cons. 12/03/2018.

6. *Internet Live Stats*, < internetlivestats.com>, ultima cons. 24/05/2018.

7. Paradosso dell'asino (Asino di Buridano): «Un asino affamato e assetato è accovacciato esattamente tra due mucchi di fieno con, vicino a ognuno, un secchio d'acqua, ma non c'è niente che lo determini ad andare da una parte piuttosto che dall'altra. Perciò, resta fermo e muore». (Karl R. Popper, *Il pensiero essenziale. Brani scelti dall'autore come testamento intellettuale*, Roma, Armando Editore, 1998, p. 265).

8. Abby Covert, *How to Make Sense of Any Mess*, Amazon, 2014.

9. *The Internet Archive*, <https://archive.org>, ultima cons. 18/05/2018.

10. *About the Memento Project*, <http://mementoweb.org/about/>, ultima cons. 18/05/2018.

11. Un server, in una rete, è un computer che offre un servizio ad altri elaboratori.

2. Strumenti per la ricerca

Gli errori, come pagliuzze, galleggiano alla superficie; chi cerca perle deve tuffarsi in profondità.

— John Dryden

La scelta ponderata degli strumenti adeguati e la conoscenza di alcuni semplici meccanismi possono rivelarsi determinanti per il buon esito di una ricerca. Questi strumenti, diversi fra loro, possono essere classificati in quattro grandi categorie:

1. directory, a loro volta suddivise in directory generaliste e directory specializzate;
2. motori di ricerca;
3. risorse non indicizzate (deep web);
4. repertori accademico-scientifici.

In questo capitolo ci concentreremo sulle directory e sui motori di ricerca.

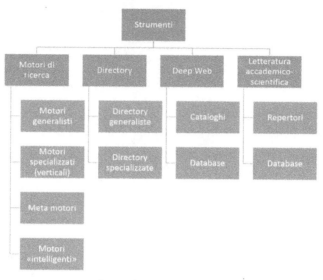

Fig. 2.1: Strumenti per la ricerca.

2.1 Directory generaliste

Le prime forme di ricerca in internet venivano effettuate mediante strumenti denominati «directory», che sono andati estinguendosi nel corso del tempo. Questo tipo di strumenti, come Yahoo! Directory e Open Directory, non erano altro che una lista di link a pagine web suddivisi per categoria, aspetto determinante che li distingueva dai più conosciuti motori di ricerca. L'organizzazione del materiale in esse contenuto avveniva in modo differente rispetto ai motori di ricerca. Il materiale archiviato in una directory era organizzato in categorie per consentire la ricerca per area di interesse. La ricerca per ambito presentava il grande vantaggio della categorizzazione e, di conseguenza, quello della selettività. La categorizzazione aveva il vantaggio di velocizzare la ricerca dell'argomento, mentre la selettività permetteva di focalizzarsi solo su siti già preselezionati, quindi più affidabili e utili.

Le directory sono il primo tipo di strumenti apparso sul web al momento della sua nascita, poiché richiedevano solo un gruppo di persone incaricate della gestione e organizzazione dei differenti server. Tuttavia, con il progresso della tecnologia, il numero di server è aumentato esponenzialmente e, allo stesso modo, anche lo sviluppo di tecnologie capaci di catalogarne i contenuti parola per parola, ovvero i motori di ricerca, che le rimpiazzarono velocemente. Questo perché la selettività delle directory è presto diventata inutile, se non dannosa per alcuni tipi di ricerca, poiché ne limitava i risultati. Inoltre, va ricordato che le directory non venivano aggiornate automaticamente, perciò il materiale in esse raccolto diventava velocemente obsoleto e in alcuni casi rimandava a siti non più esistenti. Per la cronaca, l'ultima directory generalista, DMOZ, ha chiuso i battenti il 17 marzo 2017, segnando la fine di un'epoca.

2.2 Directory specializzate

Le directory specializzate sono invece raggruppamenti di risorse e fonti online relative a un argomento specifico. Inizialmente erano strutturate come meri elenchi di link con una brevissima descrizione. Il livello di settorialità della tematica naturalmente può variare: vi sono directory relative a campi più generali, come le scienze biomediche, e altre che concernono campi più specifici, come le neuroscienze. La loro funzione principale è quella di fornire collegamenti a fonti affidabili che hanno passato il vaglio degli specialisti. Anche se spesso sottovalutate, rappresentano uno strumento molto utile per chiunque stia ricercando in un campo ben determinato. Lo scopo di queste directory è quello di fornire una sitografia (e a volte anche una bibliografia) riguardante un argomento specifico, per potersi informare rapidamente su un tema e per individuare gli strumenti necessari per ulteriori ricerche. Risultano quindi utili quando si conosce l'obiettivo della ricerca ma non si sa dove reperire il materiale bibliografico necessario per documentarsi in maniera approfondita.

Con il tempo molte web directory sono semplicemente sparite, mentre altre si sono trasformate in veri e propri portali specializzati, ampliando i contenuti al di là degli elenchi di link. Un buon punto di partenza per trovare directory specializzate specifiche è il sito Directory Critic[1].

2.3 Motori di ricerca

Lo strumento principale per reperire informazioni online resta il motore di ricerca, di cui si analizzerà brevemente il funzionamento. È importante sapere come funzionano per capirne i vantaggi e i limiti. Il fatto che dipendano da un'indicizzazione dei contenuti significa che attraverso un motore di ricerca potremmo non trovare contenuti particolarmente nuovi, oppure contenuti inseriti in database o siti privati che non ammettono l'accesso da parte dei sistemi di indicizzazione stessi.

Rispetto alle directory, i motori si servono di tecniche più sofisticate. Le pagine contenute nei motori di ricerca non vengono suddivise in categorie, come succede nel caso delle directory, e i dati organizzati nel database dei motori di ricerca non sono frutto di un intervento umano. In altre parole, se tutto il materiale raccolto nelle directory è frutto di un intervento volontario di un utente che decide di archiviare la pagina in quella directory specifica, nel caso dei motori di ricerca i dati vengono invece raccolti automaticamente dal sistema. Per questa ragione, la quantità di elementi in esso contenuti è decisamente più ampia. La selettività della ricerca verrà stabilita dalle parole inserite da colui che la effettua, dai filtri di ricerca che sono stati impostati e da parametri basati sulla posizione geografica e altri fattori.

Non è difficile dedurre che, nel caso di un argomento specifico, la conoscenza delle potenzialità dei motori di ricerca e delle possibilità di scremare la quantità di risultati proposti può rivelarsi determinante per ottenere un risultato efficace ed esaustivo.

A livello di tassonomia, i motori di ricerca solitamente si suddividono in quattro categorie:

- motori generalisti;
- motori specializzati;
- meta-motori;
- motori intelligenti.

2.3.1 Motori generalisti

Benché il mercato sia di fatto dominato da Google, esistono numerosi motori generalisti, come Bing, Yahoo! (che dal 2009 usa Bing), DuckDuckGo, Baidu o Yandex. Questi motori di ricerca indicizzano tutti i contenuti di tutti siti web, senza distinzioni. Al loro interno consentono poi di restringere la ricerca a un determinato ambito, come avviene ad esempio in Google Immagini che filtra solo le immagini. Tuttavia, l'interfaccia principale di un motore generalista è sempre quella che ricerca in *orizzontale* su tutti i siti.

A parte Baidu e Yandex, la cui fetta di mercato è importante in Cina e Russia rispettivamente, il mercato è monopolizzato da Google, che sarà il motore su cui concentreremo la nostra trattazione nel corso del libro.

23

Menzione a parte merita Bing, il motore di ricerca sviluppato e lanciato sul mercato da Microsoft. Quando venne rilasciato, presentava una differenza sostanziale rispetto a Google: non si limitava a sommare le parole utilizzate per la ricerca, ma fin dall'inizio utilizzava un sistema basato sullo studio del linguaggio naturale, riuscendo a fornire risposte a domande formulate come lo farebbe una persona. Il sistema *semantico* di Bing rappresentò un'innovazione nel campo del *web searching* intelligente, e non a caso Bing si configura tutt'ora come uno dei principali rivali di Google sul mercato.

In realtà, anche se Bing mira a competere con Google nella ricerca generica, uno dei suoi punti di forza risiede nelle capacità di ricerca di immagini e video, ambiti nei quali offre più opzioni di filtraggio, un'interfaccia di visualizzazione migliore e suggerimenti per le ricerche correlate più accurati. Valga un esempio su tutti: la pagina con i risultati di ricerca dei video è strutturata come una griglia e non come un semplice elenco. Sfogliare le miniature è dunque più comodo rispetto a Google, tenendo anche conto del fatto che Bing mostra un'anteprima automatica dei video quando ci si passa sopra con il mouse.

2.3.2 Motori specializzati

I motori di ricerca specializzati sono invece quelli che indicizzano soltanto un determinato tipo di contenuti o di siti. Man mano che i motori generalisti sono diventati sempre più efficienti, il numero di motori specializzati, o *verticali* è andato calando progressivamente. Inoltre, spesso i siti specializzati in un determinato tipo di contenuti archiviano direttamente tali contenuti, quindi non sono più, in senso stretto, motori di ricerca. Esistono molte nicchie in cui questi siti/motori/enciclopedie danno migliori risultati dei motori generalisti. Ad esempio, nell'ambito delle immagini, spiccano siti come Flaticon[2], il maggior motore di ricerca di icone gratuite, o Brands of the World[3], la maggior raccolta di loghi vettoriali scaricabili liberamente. Oppure, il notissimo IMDb - Internet Movie Database[4], vera e propria completissima enciclopedia del cinema lanciata nel 1990.

2.3.3 Metamotori

Infine, bisogna citare anche i meta-motori, come AllinOne.ws, Yippy, MetaCrawler o DogPile, i quali restituiscono i risultati aggregati prelevandoli da più motori alla volta e mostrandoli in un'unica pagina, eliminando le ripetizioni.

2.3.4 Motori intelligenti

Fra i cosiddetti motori intelligenti o *smart*, concetto partorito dagli uffici marketing e difficile da definire rigorosamente, va senz'altro citato Wolfram|Alpha[5], che è un motore di conoscenza computazionale. Viene definito «intelligente», perché non deriva le sue risposte da ricerche sul web, ma da calcoli basati su un'ampia raccolta di dati, algoritmi e metodi integrati. Wolfram|Alpha usa conoscenze integrate, raccolte da esperti (umani) per calcolare al momento una risposta e un'analisi specifica per ogni domanda che gli si pone. È molto diverso dal comportamento standard dei motori di ricerca, i quali indicizzano le pagine web per poi cercare corrispondenze di testo e restituire un elenco di link, come vedremo più avanti.

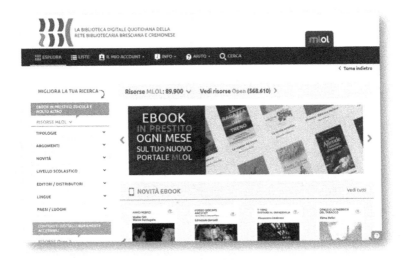

Fig. 2.2: Schermata della Biblioteca digitale della rete bibliotecaria di Brescia e Cremona.

Citiamo *en passant* anche l'opzione rappresentata dai siti delle biblioteche pubbliche: molto spesso, oltre all'accesso ai cataloghi online del patrimonio cartaceo si può anche consultare la *media library*, ovvero la parte del catalogo che indicizza i contenuti digitali da prendere a prestito, così come molti altri contenuti *open* (ovvero liberamente fruibili, non sempre però di pubblico dominio).

2.3.5 Funzionamento dei motori di ricerca

I motori di ricerca funzionano in generale tutti nello stesso modo. Quando si effettua una ricerca con un motore, esso non ricerca direttamente nel web, ma consulta un proprio indice interno, restituendo un elenco di siti che soddisfa la richiesta effettuata. Il funzionamento di un motore di ricerca può essere suddiviso in quattro fasi principali, che corrispondono anche alle parti che lo compongono. Si tratta di:

1. **crawling** (fase realizzata dagli *spider* o *crawler*);
2. **indexing** (l'indicizzazione, realizzata dagli appositi sistemi);
3. **matching** (l'abbinamento fra query e risultati, realizzato dagli algoritmi di *matching*);
4. **ranking** (l'ordinamento dei risultati, realizzato dagli algoritmi di gerarchizzazione).

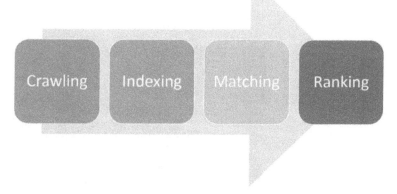

Fig. 2.3: Schema di un motore di ricerca

Gli *spider* o *web crawler* sono programmi che scandagliano il web analizzandone i contenuti in maniera metodica e automatizzata. Essi vengono utilizzati per identificare i siti nuovi o recentemente modificati, estrapolando da essi tutte le informazioni utili che vengono inviate ai motori di ricerca, i quali le inseriscono in database indicizzati. Qui vengono classificati tutti i loro dati, come i metatag, gli URL, i link presenti nelle pagine e, in un indice separato, tutti i termini che compongono il testo.

Nella fase di *matching*, quando un utente effettua una ricerca di un termine, il motore di ricerca cerca nei propri indici le occorrenze del termine e restituisce all'utente le pagine trovate che corrispondono ai criteri della ricerca.

Inoltre, ne determina l'ordine di apparizione, sulla base di un algoritmo che tiene in considerazione centinaia di fattori diversi, quali la popolarità della pagina, il numero di volte che vi appare un termine, la posizione del termine, l'autorevolezza della fonte, ecc., per restituire all'utente i risultati più rilevanti. È il cosiddetto *ranking*.

Tutto questo avviene mediante un'interfaccia HTML, che è la parte del meccanismo visibile all'utente. Questa interfaccia permette di inserire le parole chiave della ricerca e mostra i risultati. Contiene inoltre vari link per circoscrivere le ricerche (immagini, video, pagine web...) o per realizzare ricerche avanzate, più altre caratteristiche che vedremo nei dettagli in seguito.

È importante dire che i siti web e i motori di ricerca sono in continua lotta per capire (da una parte) e nascondere (dall'altra) i meccanismi usati per il ranking. E qui si apre un capitolo a parte, ovvero la SEO (dall'inglese *Search Engine Optimization*), l'ottimizzazione per i motori di ricerca, come «imbrogliare» o «accontentare» Google in modo che faccia comparire proprio il nostro sito e non un altro fra i primi risultati di una certa ricerca.

2.3.6 Vantaggi e svantaggi dei motori di ricerca

Dinanzi a una serie di vantaggi evidenti, quali la facilità d'uso, l'immediatezza, la gratuità e la portata (ovvero la capacità di restituire risultati provenienti da milioni di pagine), i motori di ricerca hanno anche alcuni svantaggi e limitazioni.

Vantaggi	Svantaggi
Facilità d'uso	Basati sul contesto d'uso
Immediatezza	Ricerca monolingue
Gratuità	Indicizzazione limitata
Portata	Creano sovraccarico cognitivo
	Ricerca soggetta a sintassi speciale
	Questioni di privacy
	Causano dipendenza

Tabella 2.1: Vantaggi e svantaggi dei motori di ricerca.

Innanzitutto basano i loro risultati (anche) sul contesto d'uso, ovvero sulla cronologia e sulle impostazioni dell'utente; si creano quindi delicate questioni legate alla privacy e alla sicurezza.

In secondo luogo la stragrande maggioranza dei motori di ricerca è monolingue, cioè è necessario eseguire ricerche diverse per cercare lo stesso termine in lingue diverse.

Un altro grosso limite è dovuto all'indicizzazione, che riguarda soprattutto il testo, ma che è ancora carente per quanto riguarda gli elementi multimediali dei siti. È quindi difficile reperire contenuti che si trovano all'interno di audio o immagini, benché siano stati fatti notevoli passi avanti negli ultimi anni (basti vedere la ricerca inversa delle immagini offerta da Google Immagini o da TinEye, cfr. la Sez. 5.7). E, come abbiamo già visto, non indicizzano *tutto* il web, ma soltanto una parte di esso (circa il 40-60 percento, secondo le stime).

A tutt'oggi la ricerca prevede l'impiego di una sintassi specifica. I motori di ricerca che usano il linguaggio naturale sono sperimentali e non ancora la norma: anche qui vedremo nei prossimi anni sviluppi sempre maggiori.

Infine, uno svantaggio relativo, ma pur sempre da tener in conto: l'ubiquità di questi strumenti, che si trovano ormai integrati dappertutto, nel browser, smartphone, tablet, televisione, ci rendono sempre più dipendenti da essi. In futuro, probabilmente, li avremo impiantati direttamente nella testa...

---

1. *Directory Critic - The Ultimate Resource for Lists of Directories Online*, <http://www.directorycritic.com/>, ultima cons. 20/05/2018.
2. *About Flaticon*, <https://www.flaticon.com/about>, ultima cons. 20/05/2018.
3. *Brands of the World*, <http://www.brandsoftheworld.com/>, ultima cons. 31/05/2018.
4. *IMDb*, <https://www.imdb.com/>, ultima cons. 31/05/2018.
5. *Wolfram|Alpha*, <http://www.wolframalpha.com/>, ultima cons. 31/05/2018.

3. Definire un obiettivo di ricerca

Un giorno Alice arrivò ad un bivio sulla strada e vide lo Stregatto sull'albero. "Che strada devo prendere?", chiese. La risposta fu una domanda: "Dove vuoi andare?" "Non lo so", rispose Alice. "Allora," disse lo Stregatto, "non ha importanza".

— Lewis Carroll

Assodato dunque che al giorno d'oggi possiamo trovare sul web non una sola, ma innumerevoli risposte e soluzioni a tutti i quesiti possibili, da quelli più generici a quelli più specifici, dalla ricetta della salsa guacamole al senso della vita, alcune informazioni risultano più facilmente reperibili rispetto ad altre. Per questo è utile identificare in primo luogo il concetto che si vuole cercare, cioè chiedersi «che cosa mi serve», qual è l'elemento essenziale di cui si ha bisogno (nome, autore, titolo, luogo, data, termine, cifra, ecc.) e successivamente le possibili fonti su cui è più probabile trovare quell'informazione (chi potrebbe aver scritto quel particolare contenuto, chi lo potrebbe aver elencato in qualche lista, citato, ecc.)

A quel punto si formula nella propria lingua la chiave di ricerca, la cosiddetta *query*, e si analizzano i risultati, aggiungendo o togliendo parole chiave, virgolette per cercare locuzioni *verbatim* (cioè testuali), filtri per escludere o includere determinati criteri, fino a trovare la risposta giusta.

Per cercare un articolo riguardante un determinato argomento, per esempio i corpus linguistici web-based, si individuerà come concetto e chiave di ricerca il termine `corpus`, o `corpus web-based` e relativi sinonimi, mentre le fonti saranno probabilmente i siti accademici, che rappresenteranno quindi l'ambito principale in cui cercare.

Infine, dato che si sta cercando un articolo, si filtreranno i risultati per file PDF, ad esempio.

Sebbene ciò sembri un processo piuttosto semplice, in realtà presenta un livello di complessità direttamente proporzionale al tipo di ricerca. Infatti, alcuni tipi di ricerca possono risultare particolarmente difficili a causa di omonimie, omografie e polisemie. Ad esempio, per cercare informazioni sulla poltrona Barcelona progettata da Ludwig Mies van der Rohe, si dovranno escludere tutti i riferimenti alla città di Barcellona e alla squadra di calcio. Vedremo più avanti come impostare i filtri in modo da ottenere soltanto i risultati pertinenti escludendo gli altri.

È dunque utile tenere in considerazione una serie di piccoli accorgimenti che possono fare la differenza, riducendo notevolmente la quantità di informazioni inutili e il tempo impiegato per la ricerca.

3.1 Differenza fra sfogliare e chiedere

Innanzi tutto vi sono due percorsi possibili per ottenere il risultato desiderato, mutuati dal modo in cui si reperiscono informazioni anche nel mondo off-line. Si può effettuare una ricerca generale e quindi navigare tra i risultati generici per poi focalizzarsi su un aspetto specifico pertinente alla ricerca (ad es.: arte toscana, pittori toscani del Duecento, Giotto), come faremo in una biblioteca cercando lo scaffale della categoria che ci interessa e poi restringendo il campo; oppure si può partire da una ricerca specifica per apprendere tutto ciò che vi è correlato (ad es.: Giotto, Cappella degli Scrovegni, Cattedrale di Santa Maria del Fiore, Campanile di Giotto), come faremmo ad esempio cercando una monografia specifica e poi usando la bibliografia in appendice per espandere la ricerca.

Questi due approcci che adottiamo al momento di formulare una ricerca, ossia da generico a specifico e viceversa, sono spesso definiti *browsing* (sfogliare) e *asking* (chiedere). «Sfogliare» è l'azione che viene compiuta quando si naviga per scoprire materiale relativo a una tematica, ossia non si chiede nulla di specifico al motore di ricerca, ma si cerca solo navigando e scorrendo link e pagine.

Il contrario succede nel caso di una domanda specifica, cioè in caso di *asking*, poiché la ricerca viene definita per un tema circoscritto e vengono cercate tutte le informazioni disponibili relative all'oggetto in questione.

3.2 Che cosa stiamo cercando davvero?

Durante un processo di ricerca, non sempre è chiaro l'obiettivo da conseguire. Per la fretta o per mancanza di riflessione, ci si può buttare nella ricerca senza sapere esattamente che cosa si sta cercando davvero. In questi casi, la quantità di informazioni che ne possono risultare molto spesso dà luogo a fraintendimenti e confusione. Il materiale archiviato sul web è pressoché illimitato, perciò è fondamentale determinare a priori l'oggetto della ricerca e fissarne i criteri in maniera mirata. Ogni parola inserita ha un peso: per questa ragione risulta imprescindibile una scelta accurata e ponderata.

La necessità di sintesi e l'ordine delle parole sono altri elementi determinanti per una ricerca efficace, poiché, come vedremo in seguito, la disposizione delle parole e la formulazione delle frasi inserite nella barra di ricerca implicano una notevole variazione del risultato finale.

Inoltre, è di primaria importanza la scelta dello strumento di ricerca da utilizzare, poiché, come si è visto e come si vedrà in seguito, non esistono soltanto i motori di ricerca, ma anche i forum, le directory, i social media, i blog e così via.

In sintesi, quindi, i fattori che influiranno sul buon esito di una ricerca sono:

- definizione dell'obiettivo (che cosa sto cercando);
- selezione delle fonti probabili;
- definizione degli eventuali criteri (intervallo di date, tipo di documento, ecc.);
- ordine delle parole;
- strumento da utilizzare.

3.3 Esempi di strategie

Le strategie di ricerca che si possono seguire sono innumerevoli, tuttavia ve ne sono alcune che possono essere applicate a tutti i tipi di ricerca e che risultano molto utili al fine di ridurre il tempo impiegato. Eccone alcune:

- identificare parole uniche, nomi specifici, abbreviazioni o acronimi relazionati con la nostra ricerca; nel caso della poltrona Barcelona, basterà abbinare al nome dell'oggetto il nome del designer per restringere le ricerche (purché lo si conosca, naturalmente);
- identificare organizzazioni, società o gruppi che possano possedere informazioni, poiché cercarne i nomi può condurre a blog, pagine web aziendali, o altri siti web utili e affidabili;
- servirsi di termini più generici, nel caso in cui una ricerca specifica non risulti efficace;
- cercare sinonimi dei termini precedenti per realizzare ricerche correlate alternative;
- identificare le fonti aggiuntive dove è possibile reperire informazioni;
- definire chiaramente e nella maniera più tecnica possibile le parole da inserire;
- non aggiungere parole superflue, poiché ogni parola genera una ricerca a sé;
- tenere in considerazione l'ordine delle parole, poiché cambiare l'ordine può dare luogo a risultati differenti;
- cercare il concetto in più lingue, scegliendo quella della fonte più autorevole; la ricerca in più lingue consente anche di confrontare i risultati fra loro (ad esempio immagini);
- immedesimarsi nei panni del redattore o autore della pagina e pensare a come potrebbe aver espresso verbalmente il concetto desiderato;
- abbinare alla chiave di ricerca alcune locuzioni che consentono di restringere i risultati arrivando al tipo di contenuto desiderato:

- "better than" (se si stanno confrontando prodotti, marchi, servizi);
- "alternative to" (se si stanno cercando alternative, per esempio un'alternativa gratuita a un software proprietario);
- "how to" (se si stanno cercando tutorial o spiegazioni);
- definizione;
- sinonimo;
- <nome della lingua> <termine da cercare>;
- images <termine da cercare nella lingua che non si conosce>;
• restringere per data la ricerca.

Accenniamo qui anche al valore aggiunto degli operatori sintattici quali AND, OR, le virgolette (o per meglio dire i doppi apici) per le ricerche *verbatim* e il segno più (+). Alcuni di questi operatori restringono i risultati ottenuti, altri (OR e +) invece estendono l'insieme dei documenti rilevanti). È stato dimostrato che 6,6 risultati su 10 con operatori sono uguali a quelli ottenuti con query di base con le stesse parole chiave. Esistono poi altri operatori, come il segno meno (-), la selezione di date, o le restrizioni come site:, che influenzano di molto l'elenco dei risultati. Li vedremo nei dettagli più avanti, nel Cap. 5 dedicato a Google.

Vediamo ora un esempio reale. Immaginiamo di dover cercare la traduzione italiana della locuzione inglese «point of care ultrasound», un particolare tipo di apparecchiatura medica per le ecografie, perché stiamo traducendo un catalogo online di questi strumenti.

Innanzi tutto cerchiamo la definizione del termine, per poter capire il concetto. In questo caso la locuzione è già entrata in italiano come tecnicismo, tanto che la troviamo anche nella Wikipedia. Dobbiamo tuttavia prestare attenzione, perché il termine viene anche usato come aggettivo per definire quei prodotti informativi nati per l'aggiorna-mento dei professionisti sanitari che siano facilmente accessibili anche presso il luogo di cura, «a bordo letto».

Fig. 3.1: Sito web da tradurre.

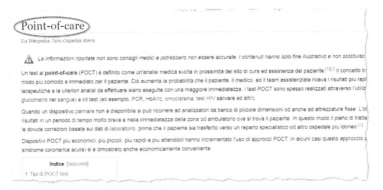

Fig. 3.2: POC su Wikipedia.

Fig. 3.3: Risultati della prima ricerca.

Proviamo subito dopo a realizzare alcune ricerche abbinando `point of care` a `ecografo`.

Il numero di risultati è abbastanza alto, ma notiamo subito che compaiono anche risultati in lingua spagnola, per cui filtriamo la ricerca ai soli domini .it, quelli italiani, con l'apposito operatore `site:`, che vedremo più avanti.

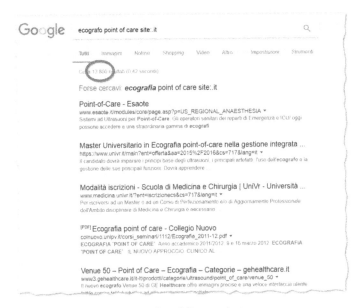

Fig. 3.4: Risultati della seconda ricerca.

In questo caso stiamo restringendo la ricerca. In altri potremmo voler estenderla. Affinare una ricerca è sempre un gioco di equilibrio fra queste due operazioni. Nel caso in questione vediamo che i risultati diminuiscono considerevolmente. Oltre tutto, i primi risultati sono abbastanza promettenti, poiché sono link a siti di università, quindi potenzialmente autorevoli e attendibili. Per restringere ulteriormente i risultati, mettiamo il termine "point of care" fra virgolette.

Fig. 3.5: Risultati della terza ricerca.

Successivamente eseguiamo la stessa ricerca con un traducente letterale, che restituisce solo sette risultati.

Fig. 3.6: Risultati della quarta ricerca.

Per finire, cerchiamo un modo di verificare la diffusione reale del termine. Già il numero comunque esiguo di risultati dovrebbe essere indicativo, ma a conferma di questo interpelliamo alcuni contatti (il messaggio dello screenshot sottostante è reale) che ci confermano che in ambiente ospedaliero il termine «point of care» non viene comunemente usato, se non dagli ecografisti di emergenza. La decisione sul traducente esatto verrà presa tenendo conto di tutto questo. Per la cronaca, in questo esempio (tratto da un caso reale) la scelta ricadde su «punto di cura».

Fig. 3.7: Conversazione su WhatsApp con un operatore del settore.

Che cosa ricaviamo da questo esercizio? Innanzi tutto che un possibile percorso per la ricerca terminologica potrebbe essere:

1. trovare il traducente diretto;
2. verificare l'attendibilità;
3. verificare la diffusione online;
4. verificare la diffusione reale.

E infine che, forse paradossalmente, il modo migliore di trovare risposte è interpellare un conoscente esperto, il quale potrebbe farci concludere che non sempre i risultati online corrispondono alla diffusione reale.

4. Come porre domande

Potete giudicare quanto intelligente è un uomo dalle sue risposte. Potete giudicare quanto è saggio dalle sue domande.

— Naguib Mahfouz

Come dicevamo, chiedere direttamente ad altri utenti, di persona, su qualche blog o in un forum, è forse la miglior strategia per ottenere una risposta rapida e soddisfacente. Tuttavia, non sempre dagli utenti più esperti si ottengono le risposte desiderate. La ragione di questo mancato feedback risiede spesso nella formulazione scorretta delle domande.

Fig. 4.1: Parodia sul significato di RTFM.

In alcuni casi può capitare addirittura di ricevere un semplice acronimo come risposta. Si tratta delle espressioni RTFM («Read The F**ing Manual») e STFW («Search The F**ing Web»), che semplicemente sono un modo conciso e non troppo educato di indicare che la risposta alla domanda posta è presente nella documentazione o si trova a una semplice *googlata* di distanza. Spesso queste risposte sono accompagnate da un link al sito LMGTFY, *Let me Google that for you*[1]. In definitiva, è un modo brutale ma efficace di ricordarci che, prima di chiedere, si dovrebbe compiere lo sforzo di cercare.

Infatti, se un utente avanzato di un certo gruppo ha l'impressione di dover cercare un'informazione «al posto di» qualcun altro, o che questa persona non abbia «fatto i compiti prima», difficilmente risponderà. Un articolo fondamentale per sapere come porre domande in modo intelligente è quello di Eric Steven Raymond, *How To Ask Questions The Smart Way*.[2]

Dunque il primo requisito per la formulazione di una domanda nel modo corretto è proprio quello della ricerca previa. Specificando di aver già cercato la risposta, per esempio su manuali, liste di FAQ o sul web, si dimostra agli altri utenti di essere in reale difficoltà.

In secondo luogo, bisogna considerare come è stata scritta la domanda: domande precipitose e poco pensate ricevono risposte della stessa natura. Allo stesso modo, domande basate su affermazioni erronee o sommarie vengono spesso ignorate.

Un buon punto di inizio potrebbe essere invece specificare la propria volontà di partecipazione alla ricerca della risposta. È meglio chiedere agli altri utenti un aiuto nel trovare una strada verso la soluzione del quesito («mi potreste indicare quale pagina dell'Help parla di questo? Non riesco a trovarla»), piuttosto che pretendere un'indicazione precisa sulle azioni da seguire.

Anche la scelta del forum è fondamentale. Non si dovranno infatti porre quesiti non pertinenti all'argomento del forum oppure formulare domande poco specifiche su forum molto specializzati.

Si consiglia di prestare particolare attenzione ai titoli delle domande, definendo esattamente il problema ed evitando i tipici:

- «qualcuno mi può aiutare?»
- «help!!!!»
- «errore»
- «non funziona»
- «urgentissimo»

O il temutissimo «ho trovato un bug» a cui i programmatori risponderanno «non è un bug, è una feature». Tuttavia, questa è un'altra storia, materiale sufficiente per un altro libro: *Nozioni di psicologia per i rapporti con clienti e fornitori...*

Dopo aver stabilito questi requisiti previ, è importante formulare la domanda nel modo corretto. Per farlo, bisogna rispettare tre criteri fondamentali:

- essere chiari;
- essere sintetici;
- seguire le regole della *netiquette*.

4.1 Chiarezza

Per «chiarezza» s'intende:

- formulare domande chiare, circostanziate, precise;
- essere pertinenti;
- evitare formalismi (a meno che non siano richiesti dalle regole del gruppo).

Formulare una domanda chiara e ben definita aiuta gli altri utenti a comprendere l'oggetto del quesito. Scrivere le parole correttamente, senza errori di ortografia e grammatica, è un altro fattore determinante per farsi capire, soprattutto considerando che non sempre chi legge ha una padronanza della lingua inglese a livello di madrelingua. È bene essere precisi e, a meno che il gruppo non lo richieda esplicitamente, non c'è alcun bisogno di ricorrere a un linguaggio particolarmente formale. Citiamo ad esempio il forum del gruppo Cruscate[3] dedicato alla lingua italiana, dove, caso abbastanza raro, è richiesto l'uso del «lei».

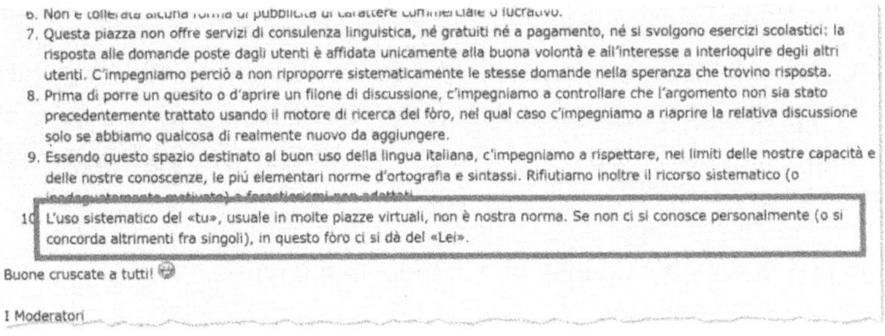

6. Non è collegata alcuna forma di pubblicità di carattere commerciale o lucrativo.
7. Questa piazza non offre servizi di consulenza linguistica, né gratuiti né a pagamento, né si svolgono esercizi scolastici: la risposta alle domande poste dagli utenti è affidata unicamente alla buona volontà e all'interesse a interloquire degli altri utenti. C'impegniamo perciò a non riproporre sistematicamente le stesse domande nella speranza che trovino risposta.
8. Prima di porre un quesito o d'aprire un filone di discussione, c'impegniamo a controllare che l'argomento non sia stato precedentemente trattato usando il motore di ricerca del fòro, nel qual caso c'impegniamo a riaprire la relativa discussione solo se abbiamo qualcosa di realmente nuovo da aggiungere.
9. Essendo questo spazio destinato al buon uso della lingua italiana, c'impegniamo a rispettare, nei limiti delle nostre capacità e delle nostre conoscenze, le più elementari norme d'ortografia e sintassi. Rifiutiamo inoltre il ricorso sistematico (o inadeguatamente motivato) a forestierismi non adattati.
10. L'uso sistematico del «tu», usuale in molte piazze virtuali, non è nostra norma. Se non ci si conosce personalmente (o si concorda altrimenti fra singoli), in questo fòro ci si dà del «Lei».

Buone cruscate a tutti! 😊

I Moderatori

Fig. 4.2: Estratto dalle regole del gruppo Cruscate

4.2 Sintesi

Per ottenere le risposte giuste, bisogna inoltre avere il dono della sintesi. Le domande lunghe hanno minor probabilità di essere lette. Un utente cercherà di rispondere con il minor dispendio di tempo possibile, perciò una stesura fluida e non troppo estesa sarà determinante per ricevere aiuto. Se la richiesta di chiarimenti risulta più lunga di tre o quattro paragrafi, può risultare utile scrivere una piccola sintesi di poche righe all'inizio o alla fine del messaggio. Su alcuni forum, come ad esempio Reddit (che verrà trattato nell'omonima Sez. 6.4), questo riassunto viene fatto precedere dalla locuzione «tl;dr», dall'inglese «Too long; didn't read» (troppo lungo, non l'ho letto), un acronimo che è ormai entrato nel gergo di internet.

Soprattutto, non bisogna dimenticare uno degli assiomi della nostra società, che vive in uno stato di fretta costante: «nessuno legge mai niente». Chi legge, legge di fretta, è portato a mal interpretare e non è abituato a sforzarsi di capire. Per cui, davvero, meno si scrive meglio è.

Per quanto riguarda gli errori tecnici, le richieste di aiuto dovrebbero essere formulate in modo che chi ci deve aiutare possa riprodurre l'errore. Sia queste, sia le richieste di aiuto linguistico dovrebbero contenere tutto il contesto, anche quello più ovvio (tanto per cominciare, da che lingua si traduce e in che lingua si deve rendere).

4.3 Netiquette

Tutte le comunicazioni su internet dovrebbero seguire sempre le regole della *netiquette*, che è l'insieme di norme che regolano l'interazione tra gli utenti del web, una sorta di galateo per la Rete. L'origine etimologica della parola è l'unione dei due termini «net» (rete) ed «etiquette» (corretta educazione, etichetta). Per consultare un elenco completo delle norme visitare il documento storico, codificato RFC1855[4] e scritto nel lontano 1995.

Fra i principi della netiquette troviamo i seguenti:

- non scrivere tutto in maiuscolo, perché equivale a urlare; è una specie di primo comandamento, che dovrebbe essere noto a chiunque usi internet da più di una settimana;
- non esagerare nell'uso di smiley, emoticon ed emoji; non sempre il significato delle faccine è intuitivo e l'interpretazione può variare nelle diverse culture;
- non scrivere risposte dettate dalle emozioni; evitare di rispondere di getto e innescare una cosiddetta *flame war*, ovvero uno scambio di insulti; lasciar passare un tempo prudenziale prima di aggiungere una risposta;
- limitare l'uso dei caratteri speciali; anche se oggigiorno la codifica Unicode dovrebbe essere utilizzata da tutti i forum, si consiglia di prestare attenzione ai caratteri non ASCII, soprattutto alla «e» commerciale (&) e ai segni di maggiore e minore, che spesso vengono renderizzati in modo sbagliato.

Per concludere, il corretto processo di formulazione di una domanda si può sintetizzare in questo modo:

- descrivere i sintomi del problema in modo chiaro e accurato, non le supposizioni che si hanno al riguardo;
- descrivere la ricerca effettuata anteriormente per ottenere una soluzione;
- anticipare le potenziali domande degli altri utenti a cui si può già dare una risposta;

• descrivere il contesto in cui si verifica il problema.

Seguendo questi passaggi sarà più probabile ottenere una risposta. Probabile, ma non certo. L'esito dipenderà sempre dalla cortesia e dalla generosità degli utenti più esperti di noi.

---

1. *LMGTFY*, <http://lmgtfy.com/>, ultima cons. 31/05/2018.
2. Eric Steven Raymond, *How To Ask Questions The Smart Way*, <http://www.catb.org/esr/faqs/smart-questions.html>, ultima cons. 12/03/2018.
3. *Decalogo del Buon Cruscone*, <http://www.achyra.org/cruscate/viewto-pic.php?t=3018>, 24/02/2012, ultima cons. 31/05/2018.
4. S. Hambrigde, *Netiquette Guidelines*, <https://tools.ietf.org/html/rfc1855>, 10/1995, ultima cons. 31/05/2018.

5. Google come punto di partenza

Se non stai pagando qualcosa, non sei il cliente; sei il prodotto venduto.

— Andrew Lewis

Google, il motore di ricerca più utilizzato[1] e conosciuto al mondo, è molto più di un *search engine*. È soltanto uno dei numerosi servizi e prodotti concepiti da un'azienda che genera ragguardevoli guadagni. Basti dire che nel 2017 Alphabet, la società a cui fa capo Google, ha fatturato oltre 110 miliardi di dollari con utile di oltre 12[2]. Senza entrare nel merito delle questioni etiche sollevate da questa posizione di forza detenuta dal gigante di Mountain View nel settore della tecnologia informatica, in un testo come questo, in cui Google Search la fa da protagonista, è doveroso sottolineare almeno che chi controlla i nostri dati, accumulati tramite l'uso dei servizi, può controllare anche molti aspetti della nostra vita quotidiana. Dovremmo ricordarcene, la prossima volta che accediamo a uno dei servizi «gratuiti» di Google.

5.1 L'ecosistema Google

Oltre alla ricerca, Google fornisce una vasta gamma di servizi che spaziano da una semplice agenda alla realtà aumentata, passando per cartografia satellitare, musica *on demand*, digitalizzazione di opere d'arte e molto altro ancora. L'immagine sottostante presenta i loghi di tutti i servizi di Google. È aggiornata al momento di andare in stampa, ma poiché Google mostra l'antipatica tendenza a chiudere vecchi servizi e aprirne di nuovi senza preavviso, si consiglia di consultare la pagina dei prodotti[3] per avere una panoramica attuale.

Fig. 5.1: I prodotti offerti da Google.

Il progenitore di tutti questi prodotti è il motore di ricerca Google Search, l'immenso database dei link alle pagine web, concepito nel 1995 da Larry Page e Sergey Brin ancora studenti, e oggi probabilmente lo strumento più usato dagli utenti di internet.

Nonostante siano trascorsi più di vent'anni, Google mantiene come carattere distintivo l'estrema pulizia della sua interfaccia e la semplicità d'uso. Oggi come allora l'home page è costituita da una sola casella di testo, con due soli pulsanti e pochissimi link. Eppure, dietro a questa essenzialità si nascondono numerose funzioni.

Innanzi tutto, ogni ricerca può essere filtrata attraverso un menu che contiene le opzioni descritte di seguito. Il menu compare soltanto dopo aver eseguito la prima ricerca, purché non si faccia clic sul pulsante «Mi sento fortunato», che apre direttamente il primo link trovato, senza mostrare l'elenco dei risultati.

Fig. 5.2: Tipi di ricerca su Google.

- **Tutti**: non filtra i risultati, ma li presenta tutti assieme, ordinati secondo il criterio di Google.

- **Immagini**: filtra i risultati presentando le sole immagini; oltre ai contenuti testuali, Google indicizza anche tutte le immagini presenti sui siti.

- **Video**: filtra i risultati mostrando solo i video archiviati su You-Tube e altri siti simili.

- **Notizie**: permette di trovare le notizie relative a un particolare argomento; Google ricerca in una vasta quantità di testate online differenti.

- **Maps**: filtra la ricerca aprendo i risultati ottenuti nell'applicazione online Google Maps, che consente la ricerca e visualizzazione di carte geografiche contenenti i dati di attività commerciali, servizi, monumenti e itinerari stradali.

- **Shopping**: filtra i risultati mostrandoli come prodotti di un catalogo, i cui dati sono reperiti da un vasto elenco di negozi online; tali negozi sono diversi a seconda delle impostazioni locali.

- **Google Libri**: effettua la ricerca sia dei metadati che del testo completo di milioni di libri in moltissime lingue differenti, con la possibilità di visualizzarne le pagine originali.

- **Google voli**: effettua una ricerca dei voli di tutte le compagnie disponibili per un itinerario o data specifici.

A seconda delle impostazioni della lingua e del paese in cui ci si trova possono essere disponibili ulteriori opzioni, fra cui Gruppi, Scholar e Patent Search.

- **Gruppi**: ricerca contenuti condivisi, dal 1981 a oggi, sul database di Usenet (la rete mondiale formata da migliaia di server interconnessi tra loro che raccolgono e riordinano gerarchicamente discussioni fra utenti) e su altri database.

- **Google Scholar**: database che contiene tutta la letteratura relativa al materiale accademico, recuperata da riviste scientifiche, tesi di laurea, libri, atti di convegni, ecc.

- **Google Patent Search**: permette di cercare fra oltre 10 milioni di brevetti provenienti dagli uffici brevetti di oltre 15 paesi, dal 1790 a oggi.

5.2 Introduzione alla ricerca con Google

Google personalizza al massimo i risultati delle ricerche. Una stessa ricerca può dare risultati diversi a seconda di vari fattori, fra cui il più importante è l'accesso all'account di Google. Se un utente ha eseguito il login, i risultati saranno basati sul profilo specifico dell'utente connesso.

Questa mancanza di obiettività da parte del motore di ricerca può causare quella che è stata definita *filter bubble* o *bolla di filtraggio*[4], un'espressione che sottolinea l'isolamento prodotto da questo sistema di personalizzazione. I risultati della ricerca, scelti selettivamente in base al profilo di chi cerca, in pratica proteggono l'utente, o quanto meno non lo espongono a contenuti al di fuori della propria area culturale o ideologica, la «bolla», appunto.

Se la personalizzazione della ricerca può essere estremamente utile quando si devono realizzare acquisti o ricerche legate alla propria zona geografica, è anche vero che essa può portare a risultati incompleti o distorti. Una ricerca rigorosa dovrebbe eliminare il più possibile questa soggettività. Considerazioni etiche a parte, quello che interessa di più qui è che due utenti che eseguono la stessa ricerca otterranno quasi certamente risultati diversi.

Oltre al login, altri fattori che influiscono sui risultati sono infatti:

- il tipo di dispositivo usato per la ricerca;

- il tipo di sistema operativo usato;
- la lingua del sistema usato;
- la cronologia di ricerca dell'utente;
- l'ubicazione geografica dell'utente;
- il browser usato;
- i contenuti di altri servizi Google (ad es. YouTube) visitati in passato;
- gli eventuali link già visitati per una stessa ricerca;
- gli annunci pubblicitari su cui si è fatto clic nel passato;
- gli annunci pubblicitari presenti in quel momento.

L'elenco non è esaustivo, perché nessuno conosce esattamente come funziona l'algoritmo di Google, uno dei segreti meglio custoditi al mondo. Per minimizzare l'incidenza di questi fattori esterni e ottenere una ricerca più «neutrale», si possono comunque eseguire una o più delle seguenti azioni:

- svuotare la cache del browser;
- eliminare i cookie;
- eliminare la cronologia;
- disattivare la geolocalizzazione dei dati;
- usare gli operatori avanzati per avere maggiore controllo;
- uscire dalla sessione di Google;
- usare un browser diverso;
- aprire una sessione «privata» o «in incognito» del browser[5].

Prima di eseguire una ricerca con Google è opportuno conoscere alcuni principi di base che lo governano:

- Google permette un massimo di 32 parole per ogni ricerca;
- cambiando l'ordine delle parole si possono ottenere risultati differenti (ad esempio, `enzo ferrari` e `ferrari enzo` danno risultati diversi);
- Google non distingue tra maiuscole e minuscole;

- i segni di punteggiatura e i simboli ! ? <> * @ # $ % ^ & ( ) = + [ ] \ vengono ignorati;

- vengono ignorate anche le cosiddette *stop word*, cioè le parti di un testo che non sono portatrici di significato, come articoli, preposizioni, congiunzioni, connettori, etc.; per forzare una stop word è necessario farla precedere dal segno + (senza spazio);

- fanno eccezione ai due punti precedenti le frasi fatte o le espressioni comuni che includono *stop word* o caratteri speciali (ad esempio «C++», che include nella ricerca anche il simbolo «+» ripetuto due volte);

- per quanto riguarda gli accenti, si consiglia di eseguire ricerche con e senza, poiché, sebbene i risultati ottenuti siano molto simili, non sempre sono esattamente uguali;

- Google rileva e corregge automaticamente gli errori di ortografia statisticamente più comuni. Ad esempio, cercando `bar-rack obama` Google mostra i risultati relativi a `barack obama`, chiedendoci tuttavia se vogliamo ripetere la ricerca con il testo così come l'abbiamo digitato.

Fig. 5.3: Ricerca con errore di ortografia.

Il riquadro di testo presente nella pagina di Google Search è dotato della funzione di testo predittivo, ovvero suggerisce i risultati man mano che si digita, velocizzando la ricerca. Questa funzione può essere disabilitata dal menu delle impostazioni in alto a destra. Da questa schermata si possono selezionare o attivare anche:

- la lingua dell'interfaccia (da oltre 120 lingue disponibili);
- la lingua dei risultati;
- il filtro antipornografia SafeSearch;
- le risposte con sintesi vocale;
- il numero di risultati di una pagina;
- il blocco dei risultati privati;
- la cronologia di ricerca;
- e infine decidere se mostrare i risultati in una nuova finestra del browser.

5.3 Leggere i risultati di una ricerca

La pagina con i risultati di ricerca, chiamata in gergo «SERP» (dall'inglese *Search Engine Results Page*), presenta una discreta quantità di informazioni che spesso passa inosservata. L'utente medio infatti sceglie di fare clic sui link, per poi tornare indietro se non trova quello che cerca. Se si impara invece a interpretare i risultati prima di fare clic, si può risparmiare tempo prezioso.

Cerchiamo per esempio informazioni su un sito per ricercatori, «Academia» (con una sola «c»). Digitando academia nella barra di ricerca, si otterrà un risultato simile a quello presente nella Fig. 5.4:

Fig. 5.4: Pagina dei risultati.

Nella Fig. 5.4 sono stati indicati con un numero alcuni elementi, di cui si spiega il significato qui di seguito.

1. Questo è il titolo della pagina web, così come l'ha impostato il creatore del sito.
2. Il testo in verde indica la fonte, ossia l'URL della pagina web.
3. Il triangolo verde con la punta verso il basso apre un menu contestuale con una o due opzioni (a seconda del sito):
   - l'opzione «Copia cache» consente di visualizzare una copia della pagina, così come è stata salvata da Google nei suoi archivi;
   - l'opzione «Simili» lancia una nuova ricerca di pagine simili a questa.
4. Breve descrizione della pagina, così come è stata impostata dal creatore del sito.
5. Per alcuni siti Google dà la possibilità di eseguire una ricerca all'interno delle pagine direttamente da qui.
6. A seconda della rilevanza e dell'importanza del sito, Google può presentare anche un estratto delle voci di menu principali,
7. così come un riquadro con alcune informazioni del risultato che considera più pertinente.
8. Al di sotto del riquadro informativo possono essere presenti anche altri suggerimenti che servono a disambiguare la ricerca. Per esempio, cercando Barcelona, Google restituisce risultati sulla città, ma chiede anche se ci si sta riferendo alla squadra di calcio, come indicato nella Fig. 5.5.
9. Infine, se pertinenti alla ricerca, Google mostra anche i risultati tratti da Maps, indicati sulla carta geografica della zona.

Fig. 5.5: Riquadro «Vedi risultati per».

5.4 Sintassi e operatori di base

Se eseguire una ricerca semplice è un gioco da ragazzi (basta scrivere il termine da cercare nella casella di ricerca), per ottenere risultati più pertinenti è spesso necessario formulare la chiave di ricerca seguendo una speciale sintassi, costituita dai cosiddetti «operatori». Si possono usare gli operatori inserendoli direttamente nella casella di ricerca, oppure accedendo alla Ricerca avanzata dalle Impostazioni[6].

Un altro modo, più raffinato ma anche più complicato, è quello di manipolare l'URL della pagina dei risultati, aggiungendo parti di testo direttamente nella barra degli indirizzi del browser. Nel corso del testo si vedrà qualche esempio al riguardo.

L'operatore di base forse più noto è costituito dai doppi apici o virgolette inglesi: inserendo la frase oggetto della ricerca fra virgolette (ad es. `"enzo ferrari"`) si cercano le parole esattamente nello stesso ordine in cui compaiono. È la cosiddetta ricerca *verbatim* o letterale.

5.4.1 Operatori booleani

Gli operatori booleani, così chiamati dal nome del matematico inglese George Boole, si usano per identificare combinazioni di due o più elementi secondo criteri logici. In Google vanno sempre scritti in maiuscolo e vanno sempre indicati in inglese (AND, OR, NOT).

In Google, così come in tutti gli altri motori di ricerca, l'operatore booleano predefinito (ma invisibile) è «AND». Ovvero, inserendo AND fra due termini di ricerca (o non inserendo nulla), si indica al motore che i termini devono obbligatoriamente apparire entrambi nel risultato. Ad esempio, cercando enzo AND ferrari o enzo ferrari stiamo dicendo a Google di cercare pagine che contengono entrambi i termini. In altre parole, AND «unisce» le keyword, affinché il motore di ricerca restituisca soltanto le pagine che li contengono contemporaneamente, anche se non necessariamente nello stesso ordine. Infatti, cercando ferrari AND enzo otteniamo pagine che presentano i due termini nell'ordine indicato nella query, ma anche nell'ordine inverso, come si vede nella Fig. 5.6. Le parole chiave cercate sono indicate in grassetto da Google: «Ferrari Enzo» nel primo risultato ed «Enzo Ferrari» nel secondo.

Va comunque notato che l'ordine è sempre importante, poiché Google mostra i risultati anche in base a quello. Scrivendo Ferrari Enzo, il motore di ricerca presenta risultati e immagini relativi al modello Enzo della casa Ferrari, piuttosto che risultati relativi al fondatore, cosa che avviene se eseguiamo la ricerca Enzo Ferrari.

Fig. 5.6: Ricerca «ferrari AND enzo».

Al contrario dell'operatore predefinito AND, inserendo l'operatore «OR» fra due o più termini si indica a Google di restituire pagine che presentino *almeno* un termine. Si eseguono quindi ricerche parallele. All'atto pratico OR serve per cercare in un colpo solo diversi sinonimi di uno stesso termine. Ad esempio, se volessimo cercare siti dedicati ad auto sportive italiane, potremmo scrivere ferrari OR lamborghini OR maserati. L'operatore OR può essere sostituito dal simbolo della barra verticale o «pipe» (|) e può essere abbinato alle parentesi per creare raggruppamenti logici. Ad esempio la query recensione (notebook|portatile|laptop) (piccolo|leggero) serve per cercare pagine che recensiscono computer portatili piccoli o leggeri.

Il booleano «NOT», invece, serve ad escludere tutti i risultati contenenti un certo termine. È come se si definisse una parola proibita che non deve apparire nell'elenco dei risultati. La funzione NOT può anche essere sostituita dal segno meno (-) immediatamente seguito dal termine da escludere (cioè senza spazio fra il segno e il termine).

L'uso degli operatori booleani è molto conveniente per estendere o restringere i risultati. Usando l'operatore OR si aumenta il numero delle pagine restituite, mentre usando NOT lo si restringe.

5.5 Ricerca avanzata

Oltre agli operatori finora citati, esistono differenti operatori avanzati[7] che, come anticipato, si possono scrivere direttamente nella casella di ricerca o attivare dalla pagina di ricerca avanzata. Da qui si possono impostare non soltanto le opzioni di ricerca di base già viste (come titolo, link, dominio, data e lingua), ma anche i filtri meno comuni.

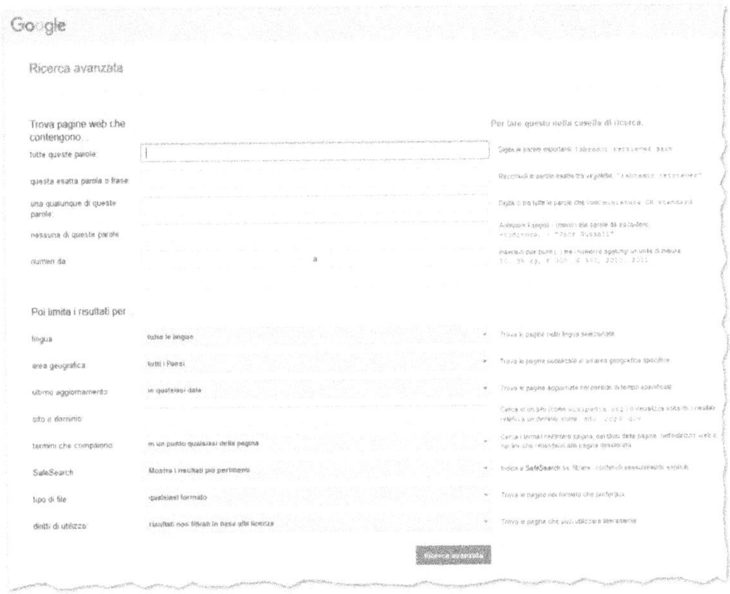

Fig. 5.7: Pagina della ricerca avanzata di Google Search.

Il primo gruppo di opzioni della pagina di ricerca avanzata presenta i campi per effettuare ricerche con gli operatori booleani:

- ricerca frasi esatte (l'equivalente di " ");
- ricerca di una parola qualsiasi di un elenco (l'equivalente di OR);
- esclusione di parole (l'equivalente di NOT o del segno -);
- ricerca di un intervallo di numeri.

Successivamente si trovano alcuni filtri:

- ricerca dei documenti in una delle lingue o aree geografiche supportate da Google;
- ricerca all'interno di un sito, URL o dominio;
- ricerca in un punto specifico della pagina
    - nel titolo
    - nel testo
    - nell'URL

- in un link
- filtro SafeSearch, per escludere o meno i contenuti per adulti;
- possibilità di ricercare solo determinati formati di file; attualmente le estensioni disponibili sono
  - Adobe Flash (.swf)*
  - Adobe Portable Document Format (.pdf)*
  - Adobe PostScript (.ps)*
  - Autodesk Design Web Format (.dwf)*
  - Google Earth (.kml, .kmz)*
  - GPS eXchange Format (.gpx)
  - Hancom Hanword (.hwp)
  - HTML (.htm, .html e altre estensioni)
  - Microsoft Excel (.xls, .xlsx)*
  - Microsoft PowerPoint (.ppt, .pptx)*
  - Microsoft Word (.doc, .docx)*
  - Presentazione OpenOffice (.odp)
  - Foglio di calcolo OpenOffice (.ods)
  - Testo OpenOffice (.odt)
  - Rich Text Format (.rtf)*
  - Scalable Vector Graphics (.svg)
  - TeX/LaTeX (.tex)
  - Testo semplice (.txt, .text e altre estensioni), compreso il codice sorgente nei linguaggi di programmazione più comuni:
    - Codice sorgente Basic (.bas)
    - Codice sorgente C/C++ (.c, .cc, .cpp, .cxx, .h, .hpp)
    - Codice sorgente C# (.cs)
    - Codice sorgente Java (.java)
    - Codice sorgente Perl (.pl)
    - Codice sorgente Python (.py)
  - Wireless Markup Language (.wml, .wap)

- XML (.xml)

(Le estensioni indicate con un asterisco sono disponibili nell'elenco a discesa della rispettiva opzione nella ricerca avanzata; il resto va inserito direttamente nella casella di ricerca con la sintassi `filetype:<estensione>`, come spiegato nella seguente Sez. 5.5.1);

- ricerca per diritti di utilizzo (condivisibili liberamente, sotto licenza e così via).

5.5.1 Ricerca per tipo di file

L'operatore `filetype:` è senza dubbio uno dei più interessanti, in quanto consente di scremare la ricerca in base al tipo di documento. Abbiamo visto nella sezione precedente quali sono le estensioni filtrabili. L'uso dell'operatore segue la norma: bisogna inserire il prefisso `filetype:` (o `ext:`, dall'inglese *extension*) seguito dal tipo di estensione del file desiderato (senza spazi tra i due punti e l'estensione del file). A differenza di altri operatori (come `site:`), non è necessario inserire un punto prima dell'estensione.

Combinando questo operatore con l'operatore `site:` o `inurl:` si possono eseguire ricerche mirate all'interno di siti che offrono materiali scaricabili, ma i cui motori di ricerca interni sono inefficaci. Ad esempio, una volta appurato che il sito di una certa rivista offre gli arretrati in PDF, potremmo individuare il numero che ci interessa con una ricerca simile a questa: `<termine che ci interessa> filetype:pdf site:<dominio della rivista>`.

La Fig. 5.8 mostra un esempio concreto di questa strategia. Sul sito della rivista *Time Out* (edizione di Barcellona), abbiamo cercato il numero in cui compariva un riferimento al ristorante italiano Bacaro, con la query `bacaro site:timeout.cat filetype:pdf`.

Fig. 5.8: Ricerca di file.

5.5.2 Ricerca per data

In passato era possibile usare l'operatore `date:`, ma attualmente non è attivo. Per visualizzare i risultati compresi in uno specifico intervallo di date è necessario scegliere un'opzione dal menu Strumenti. Oltre agli intervalli predefiniti è anche possibile selezionarne uno personalizzato con l'opzione Intervallo di date, che aprirà un'altra finestra da cui scegliere le date. I valori indicati, come Ultima ora o Ultime 24 ore, consentono di trovare siti *aggiornati* in quell'intervallo. Filtrando i risultati in questo modo compare l'indicazione della data (il cosiddetto *timestamp*) sulla sinistra di ogni risultato, purché queste pagine riportino la data di modifica o di creazione come timestamp.

Fig. 5.9: Ricerca per data.

Se si volesse visualizzare il *timestamp* per tutti i risultati, si può anche usare un trucco:

- eseguire la ricerca normalmente;
- aggiungere &as_qdr=y15 all'URL visualizzato nella barra degli indirizzi del browser;
- premere Invio.

Questo codice mostra le pagine indicizzate da Google negli ultimi quindici anni. Si può cambiare la parte numerica impostando il numero di anni desiderato. Attenzione, però: i risultati più vecchi vengono indicati con la data 31 gennaio 2001 a prescindere dalla loro data esatta.

5.5.3 Ricerca per lingua

Per effettuare una ricerca in una lingua specifica, si può utilizzare il menu delle lingue nella pagina di ricerca avanzata. Come impostazione predefinita, Google cerca nelle pagine in qualsiasi lingua, però si può scegliere una delle 46 lingue supportate da Google (da non confondere con le 123 lingue in cui è disponibile l'interfaccia, anch'essa selezionabile da questa pagina). Naturalmente, a prescindere dalle lingue scelte, i risultati cambiano a seconda della lingua dell'utente e del dispositivo da cui si esegue la ricerca. Ovvero, se si sceglie di non limitare la ricerca a una sola lingua, Google tenderà comunque a mostrare prima i risultati nella lingua del dispositivo usato.

Fig. 5.10: Impostazioni della lingua.

5.5.4 Ricerca per sito, pagina o collegamenti in uscita

Per restringere la ricerca a un determinato sito o pagina si usano gli operatori `site:`, `inurl:` e `allinurl:`. L'operatore `site:` limita i risultati alle sole pagine contenute nel sito indicato. Ad esempio, per ottenere risultati relativi alla Ferrari provenienti solo dalla Wikipedia in italiano va digitato: `Ferrari site:it.wikipedia.org`. Naturalmente l'operatore può anche essere usato preceduto dal segno meno per *escludere* determinati siti dai risultati. Ad esempio, se volessimo cercare pagine dedicate alla Ferrari F40 escludendo tutte quella della Wikipedia, scriveremmo: `"Ferrari F40" -site:wikipedia.org`.

Filtrando le ricerche per dominio o per sito si possono eseguire ricerche mirate nei siti che si ritengono più affidabili. Ad esempio, se volessimo cercare informazioni sul doppiaggio provenienti soltanto dai siti delle università americane potremmo usare la query `dubbing site:.edu`.

Gli operatori `inurl:` e `allinurl:` restringono i risultati a quelle pagine il cui URL contiene il termine cercato. Mentre `inurl:` cerca solo il primo termine a destra dell'operatore, `allinurl:` cerca tutti i termini. Ad esempio, cercando `allinurl:Enzo Ferrari` Google restituirà le pagine il cui URL contiene sia «Enzo» che «Ferrari», come http://auto.ferrari.com/en_EN/ongoing-heritage/company/history/history-of-enzo/, mentre `inurl:Enzo Ferrari` restituirà le pagine in cui il termine «Enzo» si trova nell'URL e «Ferrari» da qualche parte nella pagina, come https://auto.howstuffworks.com/enzo.htm.

Si noti che `allinurl:` ignora le parti non testuali degli indirizzi, come la punteggiatura o i trattini. Ritornando all'esempio precedente, la ricerca `allinurl:Enzo Ferrari` non garantisce che i termini Enzo e Ferrari appaiano separati da una barra o da trattini o che siano l'uno accanto all'altro o in un certo ordine. Infatti, nell'esempio citato compare prima «ferrari» e più avanti, alla fine dell'URL, «enzo».

La funzione `inurl:` o `allinurl:` è disponibile anche dalla pagina della ricerca avanzata: basta digitare i termini nel campo Trova pagine web che contengono... tutte queste parole e quindi scegliere l'opzione `nell'URL della pagina` nella parte Poi limita i risultati per....

Fig. 5.11: Ricerca nell'URL.

Mettere `inurl:` davanti a ogni termine nella casella di ricerca equivale a usare `allinurl:` all'inizio della query. `inurl:enzo inurl:ferrari` è equivalente a `allinurl:enzo ferrari`.

Ci sono altri due operatori utili per cercare pagine con collegamenti: `inanchor:` e `allinanchor:`. Questi operatori ricercano uno o più termini contenuti all'interno degli «anchor text», cioè quelle porzioni di testo di una pagina web linkate verso altre risorse. Si tratta insomma delle parti del testo che contengono collegamenti, quelli solitamente sottolineati e di colore blu.

Gli operatori `link:`, `inurl:` e `inanchor:` possono indurre confusione. Proviamo a chiarire il loro funzionamento con un esempio:

* `link:www.ferrari.com` servirà a trovare tutte le pagine che contengono un link che indirizza al sito www.ferrari.com.
* `inurl:ferrari` servirà a trovare tutte le pagine il cui indirizzo (URL) contiene il termine «ferrari», quindi non solo il sito www.ferrari.com, ma anche, ad esempio, http://us.puma.com/en_US/men/featured/ferrari.
* `inanchor:ferrari` servirà a trovare tutte le pagine che contengono il testo «ferrari» formattato come link verso un'altra risorsa, come ad esempio la pagina di una testata sportiva con una voce di menu chiamata Ferrari.

5.5.5 Ricerca di definizioni

Per cercare la definizione di una parola, si possono usare gli operatori `definition:` o `define:`. In questo modo, comparirà come primo risultato della ricerca una finestra simile a quella illustrata nella Fig. 5.12.

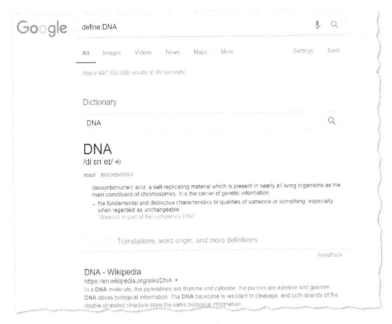

Fig. 5.12: Definizione di un termine.

Di ogni termine viene data la trascrizione fonetica, la pronuncia (ascoltabile facendo clic sul simbolo dell'altoparlante), la categoria grammaticale e l'ambito di appartenenza. A seguire c'è la definizione vera e propria, con le differenti accezioni. Di seguito vengono indicate l'etimologia, e l'eventuale traduzione in diverse lingue.

Va detto che con gli anni il comportamento del motore di ricerca si è fatto sempre più intelligente, per cui attualmente non è neppure necessario scrivere l'operatore con i due punti. Una qualsiasi ricerca contenente define, definition o definizione fa comparire il riquadro sopra illustrato, quando in precedenza era necessario usare l'operatore letteralmente.

Si raccomanda attenzione all'uso corretto della lingua. Il riquadro compare soltanto se si cerca un termine nella stessa lingua selezionata nelle impostazioni di ricerca. Per esempio, se si cerca defini-

`tion:localization`, ma Google è impostato in italiano, il riquadro non comparirà. Comparirà soltanto se impostiamo Google in inglese.

5.5.6 Ricerca nel corpo del testo e nel titolo

Per eseguire ricerche mirate all'interno del testo della pagina o nel titolo della stessa si usano gli operatori `intext:` e `intitle`. La funzione `intext:` permette di trovare parti esatte di testo (nomi, concetti chiave, ecc.) all'interno di una pagina. Bisogna inserire il prefisso `intext:` immediatamente seguito dalla parola cercata. Se si inserisce il prefisso `allintext:`, invece, la ricerca nel testo verrà effettuata per tutte le parole inserite dopo il prefisso, non solo per la prima.

Allo stesso modo la funzione `intitle:` limita la ricerca all'interno del titolo della pagina. Se si utilizza la funzione `intitle:` verrà cercata solo la prima parola dopo i due punti, invece scrivendo `allintitle:` si cercheranno tutte le parole alla destra dell'operatore. In realtà, anche la funzione `intitle:` permette di cercare più parole simultaneamente; tuttavia, affinché ciò avvenga, bisogna racchiudere le parole fra doppi apici. La differenza è che in quel caso la ricerca restituirà i termini in quel preciso ordine, mentre con la funzione `allintitle:` la ricerca non terrà conto dell'ordine delle parole.

Le Figure 5.13 e 5.14 esemplificano la differenza tra l'utilizzo della funzione `intitle:` seguita da più parole virgolettate rispetto a `allintitle:` con i termini senza virgolette. Nel primo caso, i risultati comprendono solo le pagine il cui titolo include l'espressione esatta «marketing per traduttori», mentre nel secondo compaiono anche risultati in cui i singoli termini appaiono separati da altre parole.

Marketing per traduttori: idee e consigli pratici per brochure e siti ...
https://www.proz.com/.../7652-marketing_per_traduttori_idee_e_consigli_pratici_per... ▾
Nell'era digitale avere un sito internet è un requisito base, spesso poco considerato dai traduttori.
Questo webinar fornisce consigli pratici ed idee low-cost per realizzare un sito internet dall'aspetto
professionale in modo semplice, oltre a fornire consigli e linee guida riguardo allo stile del linguaggio da
utilizzare per il web

Marketing per traduttori: Realizzare un CV efficace in 60 minuti ...
https://www.proz.com/.../9161-marketing_per_traduttori_realizzare_un_cv_efficace_i... ▾
Volete trovare nuovi clienti ma non sapete da dove iniziare? Rinnovate il vostro CV in modo da
massimizzarne l'efficacia e migliorare la vostra presentazione. I consigli pratici di questo webinar vi
aiuteranno a scegliere il vostro stile e ad evitare gli errori più comuni

Marketing per traduttori: Realizzare un CV efficace e professionale in ...
https://www.proz.com/translator-training/course/7105 ▾
Volete trovare nuovi clienti ma non sapete da dove iniziare? Rinnovate il vostro CV in modo da
massimizzarne l'efficacia e migliorare la vostra presentazione. I consigli pratici di questo webinar vi
aiuteranno a scegliere il vostro stile.

guida pratica per traduttori professionisti | marketing per traduttori
https://www.linguaggiando.com/marketing-per-traduttori ▾
Essere bravi, competenti e qualificati non basta. Soprattutto quando si lavora a distanza, seduti davanti
a un PC e si hanno rare (eufemismo) occasioni di incontrare potenziali clienti; è indispensabile fare
marketing. Vediamo come! 1) Inserire il profilo completo sui principali portali. E qui siamo alla fase
preliminare. Se non ...

Articoli di marketing per traduttori « STL

Fig. 5.13: Ricerca nel titolo con intitle:.

67

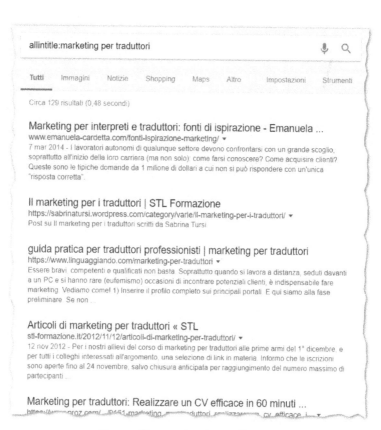

Fig. 5.14: Ricerca nel titolo con allintitle:.

5.5.7 Ricerca di pagine correlate

Con l'operatore `related:` Google identifica i risultati correlati per tematica o fonte di provenienza. Questa funzione permette di cercare le pagine che vengono associate a una determinata pagina cercate in precedenza. Il prefisso `related:` va anteposto all'oggetto della ricerca, ossia all'URL della pagina da cercare.

Nella Fig. 5.15 si possono vedere i risultati della ricerca delle pagine correlate al popolare sito di riferimento per la lingua inglese, Wordreference.com.

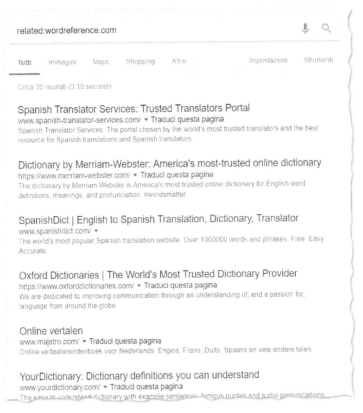

Fig. 5.15: Ricerca di pagine correlate.

5.5.8 Altri operatori

Oltre agli operatori citati finora ne esistono altri, che raggruppiamo in questo elenco:

- `cache:`, per cercare la versione della pagina selezionata salvata nella memoria temporanea di Google; dopo l'operatore va indicato l'URL del sito la cui cache si vuole esaminare (ad esempio, `cache:www.atanet.org`). Questa funzione è molto utile quando si deve cercare una pagina che è temporaneamente non raggiungibile oppure quando si vuole consultare una copia in formato testuale di un documento. L'operatore equivale al clic sul triangolino accanto al link della pagina, già visto nella sezione 5.3.

- `info:`, per mostrare tutte le informazioni rilevanti relative a una pagina specifica. Mediante questa funzione vengono forniti anche link a siti correlati che conducono al sito selezionato, tutte le pagine web nell'indice del sito e pagine che contengono l'URL cercato.

- `stocks:` o `azioni:` sono gli operatori impiegati per visualizzare la quotazione delle azioni di una società specifica; l'operatore va fatto seguire dal codice della società. Ad esempio, `stocks:fcau` restituirà un riquadro con la quotazione di Fiat Chrysler Automobiles NV, come quello indicato nella Fig. 5.16.

Fig. 5.16: Ricerca di azioni.

- `numrange:`, per trovare le pagine che contengono un intervallo numerico. L'operatore può anche essere sostituito da due punti fermi consecutivi, in questo modo: `<primo valore>..<secondo valore>`. Questa funzione è molto utile per scremare i risultati in base a intervalli di tempo (per esempio da un anno a un altro anno), valori e prezzi. Ad esempio, per trovare informazioni relative a modelli Ferrari prodotti fra il 1985 e il 1986 si può usare questa query: `ferrari numrange:1985-1986`. Oppure, per cercare quali auto hanno una velocità massima compresa fra 400 e 500 km/h: `auto velocità massima 400..500 km/h`. Per cercare un intervallo di prezzi, basta inserire il simbolo della valuta davanti alla cifra cercata, ad esempio: `fotocamera digitale €250..€450`.

Fig. 5.17: Ricerca con intervallo numerico.

5.5.9 Simboli

Oltre agli operatori visti finora, Google consente anche l'uso di simboli costituiti da caratteri speciali che svolgono speciali funzioni. Vediamo quali sono.

L'**asterisco** (*) è un carattere speciale che si può usare come sostituto di una parola. La ricerca considererà ogni asterisco come una parola mancante. Può essere utile, ad esempio, per trovare combinazioni linguistiche frequenti (le cosiddette «collocazioni») o per trovare risposte a domande, nella forma * è l'inventore della <cosa inventata> o frasi e proverbi che non si ricordano precisamente. Naturalmente, come già accennato, la duttilità di Google è tale che spesso si ottengono gli stessi risultati anche senza aggiungere gli asterischi.

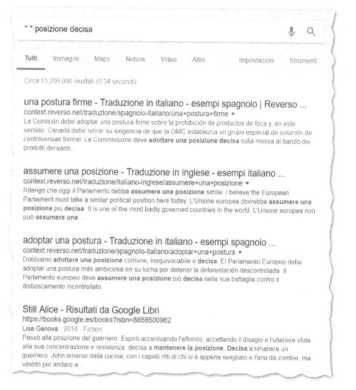

Fig. 5.18: Ricerca con asterischi.

Per effettuare una ricerca direttamente su un social media bisogna inserire il simbolo della chiocciola (@) davanti al nome del social senza spazi intermedi, ad esempio, `@twitter`, `@facebook` e così via. Allo stesso modo si può innescare una ricerca di hashtag, aggiungendo il simbolo del cancelletto (#) davanti alla parola chiave (ad esempio, `#followfriday`).

Fino a qualche anno fa si poteva usare anche la tilde (~) per considerare nella ricerca i sinonimi della keyword. Ad esempio con `~auto da corsa` avrebbe cercato anche `vettura da corsa`, `veicolo da corsa`, ecc. Tuttavia, questa funzione è stata eliminata nel 2013 e la citiamo qui solo per completezza e come ulteriore esempio del carattere dinamico di Google Search, che è un sito e, come tale, evolve e cambia in continuazione.

Altri due simboli, già visti, sono il segno più (+), per forzare la ricerca di una particolare keyword che sarebbe esclusa per impostazione predefinita, e il segno meno (-) equivalente all'operatore booleano NOT.

5.5.10 Combinare gli operatori

La potenza di Google Search si manifesta quando si combinano operatori e simboli fra loro, componendo query di ricerca sofisticate che aiuteranno a trovare esattamente quanto si cerca. È impossibile coprire qui tutta la casistica possibile, ma si devono obbligatoriamente ricordare alcune linee guida da seguire quando si usano più operatori:

- non mescolare sintassi che si contraddicono, come ad esempio `site:.it -inurl:it` (qui si sta dicendo a Google di cercare siti con il dominio *.it*, ma che non abbiano *it* nell'URL, una contraddizione in termini);
- non usare più di una volta operatori pensati per essere usati singolarmente;
- non usare troppi operatori o simboli; come si è visto, Google Search è ogni giorno più intuitivo ed è in grado di restituire i risultati più pertinenti con le ricerche più semplici.

Vediamo alcuni esempi di combinazioni, forniti qui solo come spunti per creare le proprie query.

- Per trovare documenti in PDF inerenti al doppiaggio presenti nei siti di educazione superiore degli Stati Uniti: `dubbing filetype:pdf site:.edu` (il punto prima di `edu` è opzionale, mentre non va messo prima di `pdf`).

- Per trovare pagine che puntano a un certo sito, escludendo tutte le pagine del sito stesso: `link:miosito.com -site:miosito.com` (al posto di `miosito.com` va indicato il sito desiderato).

- Per trovare gli ultimi rapporti annuali di Amnesty International in PDF: `"Amnesty International Report" 2012..2018 filetype:pdf`.

- Per trovare siti canadesi che parlano di Mustang, inteso come modello d'auto e non come cavallo: `mustang -horse site:.ca`.

- Per trovare presentazioni in inglese (o in altre lingue che usano il termine in inglese) sull'argomento business plan, escludendo i siti con dominio *it*, cioè presumibilmente in italiano: `"business plan" -site:.it filetype:ppt | filetype:pptx` (apparentemente, Google non cerca i file Power-Point con estensione .pptx se gli si dice di cercare .ppt e viceversa; per ovviare a questo si aggiunge l'operatore `OR`).

5.6 Funzioni di calcolo

Google può essere usato anche per effettuare calcoli matematici, conversioni fra unità di misura e conversioni di codici di colori. Usando Google non è necessario installare programmi aggiuntivi per svolgere queste funzioni.

Per eseguire operazioni matematiche, basta inserire direttamente nella barra di ricerca il calcolo desiderato. Non solo, si possono combinare più operazioni usando le parentesi. Si possono effettuare addizioni (+), sottrazioni (-), moltiplicazioni (*), divisioni (/) e potenze ($\land$). Quest'ultime vanno espresse con il segno di accento circonflesso fra base ed esponente. Ad esempio, 2 ^3 per indicare epub/OEBPS/ima-ges/texmath/4e7fe3f49568a531cdcd357ed98b09be5528d5ae.

Per far comparire una calcolatrice scientifica, basta cercare `calcula-tor` o `calcolatrice`, come indicato nella seguente Fig. 5.19.

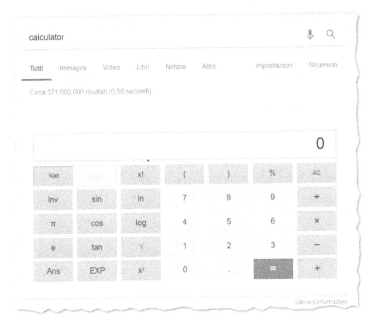

Fig. 5.19: Calcolatrice scientifica in Google Search.

Oltre alle operazioni aritmetiche, è possibile calcolare funzioni, valori di costanti fisiche e rappresentazioni di equazioni complesse sotto forma di grafico, anche affiancando varie funzioni separandole con virgole, come nell'esempio illustrato nella Fig. 5.20, che mostra i grafici ottenuti inserendo le funzioni `cos(3x)+sin(x)`, `log(x)` e `log(-x)` nella casella di ricerca.

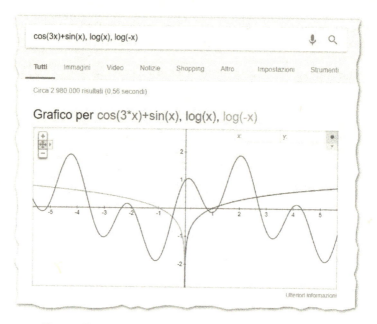

Fig. 5.20: Rappresentazione grafica di equazioni in Google Search.

Per effettuare la conversione di un'unità di misura in un'altra bisognerà utilizzare la seguente sintassi: <valore numerico> <unità di misura> in <unità di misura desiderata>. Ad esempio, per convertire 700 iarde in metri si scriverà: 700 iarde in metri. Come primo risultato comparirà un riquadro simile a quello della Fig. 5.21. Google Search è uno strumento di conversione estremamente potente, dato che consente di convertire unità di misura corrispondenti a oltre 30 tipi di misure, fra cui:

- angoli;
- area;
- capacità elettrica;
- carica elettrica;
- conduttanza elettrica;
- consumo di carburante;
- corrente elettrica;
- dimensioni delle informazioni;

- energia;
- flusso magnetico e densità di flusso magnetico;
- forza;
- frequenza;
- induttanza;
- intensità della luce e intensità luminosa;
- lunghezza;
- peso;
- portata;
- potenza;
- pressione;
- radiazioni;
- radioattività;
- temperatura;
- tempo;
- tensione;
- valute;
- velocità;
- velocità di trasferimento dati;
- volume.

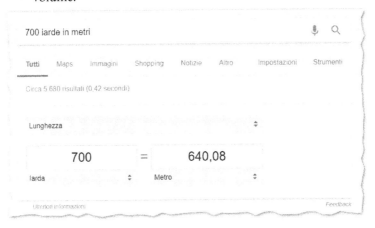

Fig. 5.21: Strumento per la conversione di misure.

Infine, si può usare lo strumento Selettore colori per scegliere un colore o per convertirne il codice da un formato all'altro. I formati di partenza disponibili sono:

- esadecimale;
- RGB;
- Pantone;

mentre quelli in cui è possibile convertirli sono:

- esadecimale;
- RGB;
- HSV;
- HSL;
- CMYK.

Per attivare questo strumento, digitare `selettore colori` nella casella di ricerca, oppure inserire il codice di un colore usando una delle varie notazioni, fra cui `#cccccc`, `pantone 18-3838 tcx` o `rgb 255 255 255`. Si noti che il selettore colori non si attiva se il codice Pantone non viene scritto esattamente o se si usa la notazione esadecimale abbreviata (ovvero `#ccc` non attiva il selettore, mentre `#cccccc` sì).

Fig. 5.22: Selettore colori in Google Search.

5.7 Ricerca di immagini

Con la ricerca di Google si può accedere anche alla più grande raccolta di immagini mai vista. Fortunatamente, Google mette anche a disposizione numerosi filtri che possono aiutare a vagliare e selezionare l'enorme quantità di materiale presente. Anche in questo caso i filtri possono essere combinati tra loro, per restringere la ricerca.

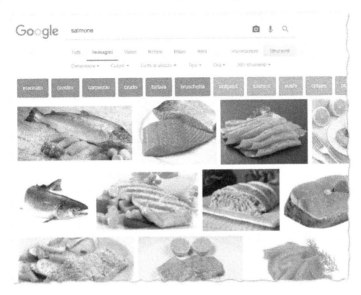

Fig. 5.23: Ricerca di immagini.

Per aprire i filtri, dalla scheda Immagini della pagina di Google Search fare clic sul pulsante Strumenti. Le opzioni a disposizione sono le seguenti:

- **Dimensioni**, con cui scegliere la grandezza dell'immagine desiderata;
- **Colore**, con cui filtrare il colore delle immagini della ricerca o cambiarne il colore di sfondo o predominante. Selezionando bianco e nero, compariranno solo le immagini in bianco e nero, mentre scegliendo un colore determinato, appariranno immagini dove quel colore è predominante.

- **Diritti di utilizzo**, con cui filtrare le immagini in base alla licenza con cui sono state pubblicate. Attenzione! Non sempre le informazioni sui diritti di utilizzo desunte da Google sono del tutto affidabili. Prima di usare per fini personali un'immagine reperita in rete è sempre buona norma risalire all'autore della stessa e verificarne le condizioni di utilizzo sul sito dell'autore.
- **Tipo**, con cui filtrare le immagini per categoria. Si possono selezionare foto, volti, clip art, disegni, e immagini animate (per previsualizzare l'animazione è necessario fare clic sull'immagine; la pagina dei risultati offre solo un'anteprima statica).
- **Ora**, con cui filtrare le immagini in base alla data di pubblicazione.

Vediamo con un esempio come usare le funzioni descritte. Mettiamo che si abbia bisogno di un'immagine di una coppia di ballerini per un volantino di una festa di quartiere. In primo luogo digitiamo `balle-rini` nella casella di ricerca, come indicato nella Fig. 5.24.

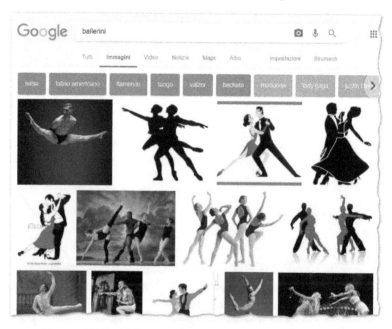

Fig. 5.24: Risultati della ricerca di immagini per la query «ballerini».

Poiché vogliamo un'immagine senza sfondo, scontornata, facciamo clic su Strumenti per aprire il menu dei filtri e scegliamo Trasparenti dalle opzioni del menu Colore. A questo punto facciamo clic anche su Dimensioni, per filtrare soltanto le immagini più grandi e successivamente su Tipo, per filtrare quelle categorizzate come Clip art (illustrazioni stilizzate).

Fig. 5.25: Ricerca filtrata per immagini trasparenti, grandi e di tipo clip art.

Trovata l'immagine che ci interessa, possiamo cliccarla per visualizzarne un'anteprima ingrandita e quindi visitare il sito su cui è disponibile. Naturalmente è necessario ottenere il consenso dell'autore prima di usare l'immagine.

Fig. 5.26: Dettaglio dell'immagine selezionata.

Se commettiamo un errore o semplicemente vogliamo annullare tutti i filtri impostati, è sufficiente fare clic su Cancella: così facendo si ripristinano tutte le impostazioni predefinite.

Un'altra funzione interessante è la ricerca *attraverso* le immagini, altrimenti detta *reverse image search*, con cui trovare l'origine o il soggetto di un'immagine caricata da un dispositivo locale o reperita su un altro sito. Basta trascinare l'immagine dalla cartella in cui l'abbiamo salvata alla barra di ricerca. Google cercherà all'interno del suo database tutte le immagini simili a quella caricata, fornendo una serie di proposte per identificarne il sito di pubblicazione originale, la fonte e il soggetto[8].

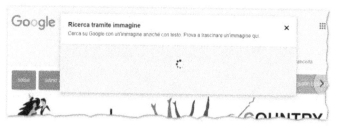

Fig. 5.27: Ricerca inversa di immagini.

Questa funzione è utile per reperire tutte le informazioni relative a un animale di cui si ignora il nome, ma di cui si possiede una foto, oppure per trovare immagini visivamente simili a un'altra, o ancora per determinare i dati di un particolare oggetto sconosciuto.

5.8 Google Libri

Tramite Google Libri è possibile effettuare ricerche di libri o di informazioni contenute al loro interno, anche leggendone alcune parti o frammenti ed eventualmente acquistare il libro (se in vendita). La ricerca non è limitata ai libri i cui diritti d'autore sono scaduti o a quelli di dominio pubblico, ma avviene anche fra quelli in commercio. In questi casi l'anteprima dei contenuti è limitata alle pagine messe a disposizione dall'editore.

Il progetto Library Project è un'iniziativa realizzata in collaborazione con biblioteche, editori e istituzioni di tutto il mondo, che ha lo scopo di preservare e condividere la conoscenza digitalizzando tutti i libri esistenti. Google Libri tuttavia consente anche ai piccoli editori e ai singoli autori di essere coinvolti, mediante il Partner Program. Chiunque abbia pubblicato un libro può aderire a questo programma per far aggiungere il proprio testo a questo catalogo, così da aumentarne la visibilità e, di riflesso, le vendite. Il risultato è sorprendente: in poco più di quindici anni Google Libri ha recuperato centinaia di migliaia di testi fuori catalogo o rari, mettendoli a disposizione di ricercatori, studenti e semplici utenti. Tuttavia, sulla propria strada Google ha incontrato anche numerosi ostacoli, principalmente a causa della presunta violazione del diritto d'autore che ha comportato l'operazione di digitalizzazione[9].

Come già visto per la ricerca nel web e per quella di immagini, anche Google Libri offre una serie di filtri, accessibili facendo clic sul pulsante Strumenti.

- **Qualsiasi libro**, con cui filtrare fra libri con anteprima disponibile, ebook Google o ebook Google gratuiti;
- **Qualsiasi documento**, per scegliere se visualizzare libri, riviste o entrambi;

- **Qualsiasi data** con cui filtrare i libri in base alla data di pubblicazione.

Oltre a questi filtri, è possibile utilizzare gli operatori di ricerca visti in precedenza, più alcuni specifici per i libri:

- `intitle`: per restringere la ricerca ai soli titoli;
- `inauthor`: per restringere la ricerca all'autore;
- `inpublisher`: per restringere la ricerca all'editore.

Fig. 5.28: Ricerca in Google Libri.

La ricerca avviene non soltanto nel testo dei libri, ma anche nei dati abitualmente disponibili in qualsiasi biblioteca, come autore, titolo ed editore. Inoltre Google esamina ed estrae il testo presente sulla copertina, nel colophon, nell'indice, nel sommario, ecc.

Facendo clic su un libro dall'elenco dei risultati, si accede all'interfaccia vera e propria di Google Libri. Da qui, facendo clic sull'icona dell'ingranaggio sulla destra è possibile accedere alla ricerca avanzata[10], e persino scaricare il libro in formato PDF o ePub (se il testo è di pubblico dominio) o salvarlo nella propria biblioteca personale, se si è registrati e si accede previamente al servizio.

Fig. 5.29: Interfaccia di Google Libri.

Google Libri è uno strumento molto potente che può essere usato per vari scopi, oltre a quello ovvio di reperire un libro. Ad esempio, si può eseguire una ricerca in Google Libri per:

- trovare citazioni;
- trovare un libro di cui non si ricorda il titolo esatto;
- organizzare una biblioteca personale di riferimento, anche come promemoria per gli acquisti, con la possibilità di condividerla;
- reperire singoli dati statistici o enciclopedici, per i quali prendere a prestito il libro in biblioteca sarebbe poco pratico;
- trovare riviste complete da leggere (ricordiamo che oltre ai libri sono indicizzate anche le riviste);
- trovare esempi d'uso di termini o frasi contestualizzati, andando al di là degli esempi inclusi in un dizionario comune.

Nel mese di aprile del 2018 Google ha introdotto un nuovo modo per trovare risposte all'interno del database dei libri, chiamato «Talk to Books». Si tratta di un sistema basato su algoritmi di intelligenza artificiale che fornisce risposte a domande formulate in linguaggio naturale, passando in rassegna oltre 100.000 volumi di Google Books e generando un elenco di possibili risposte evidenziando il brano del testo corrispondente alla risposta. Nella Fig. 5.30 è illustrata la risposta alla domanda «What's the name of the object you use to steer a boat?», come esempio.

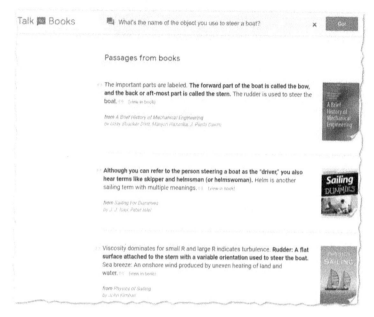

Fig. 5.30: Interfaccia di Talk to Books.

Questo strumento aggiunge ancora maggiore profondità a Google Libri. Per il momento il servizio interpreta soltanto le domande formulate in inglese, ma ci si augura che in futuro accetti anche domande in altre lingue.

1. *Search Engine Market Share*, <https://www.netmarketshare.com/search-engine-market-share.aspx?qprid=4&qpcustomd=0>, ultima cons. 12/03/2018.

2. Paresh Dave, Arjun Panchadar, *Alphabet's earnings miss profit estimates as spending grows*, <https://www.reuters.com/article/us-alphabet-results/alpha-bets-earnings-miss-profit-estimates-as-spending-grows-idUSKBN1FL6H4>, ultima cons. 12/03/2018.

3. *I nostri prodotti*, <https://www.google.it/intl/it/about/products/>, ultima cons. 31/05/2018.

4. Eli Pariser, *The Filter Bubble: What the Internet Is Hiding from You*, Londra, Viking/Penguin Press, 2011.

5. Si rimanda all'aiuto in linea del proprio browser per conoscere le procedure esatte.

6. Poiché Google attiva e disattiva nuovi operatori periodicamente, non si può garantire che tutti quelli qui citati funzionino nel modo descritto.

7. Un elenco esaustivo, anche se non necessariamente aggiornato, degli operatori avanzati si trova sul sito Google Guide, nella Sez. Search Operators.

8. Un sistema simile è quello offerto da TinEYE (https://www.tineye.com/), un'applicazione web, disponibile anche come estensione per il browser, che permette di caricare immagini direttamente dal proprio computer e di realizzare un'analisi comparativa con le immagini simili per trovarne la fonte.

9. James Somers, *Torching the Modern-Day Library of Alexandria*, <https://www.theatlantic.com/technology/archive/2017/04/the-tragedy-of-google-books/523320/>, 20/04/2017, ultima cons. 14/03/2018.

10. La ricerca avanzata di Google Libri è accessibile anche direttamente dal link http://books.google.com/advanced_book_search.

6. La ricerca nei social network

L'uomo è per natura un animale politico e chi vive fuori dalla comunità civile, per sua natura e non per qualche caso, o è un abietto o è superiore all'uomo [...] ed è tale per natura e nello stesso tempo desideroso di guerra in quanto è isolato come una pedina tra le pedine. Perciò, che l'uomo sia un essere più socievole di qualunque ape e di qualunque animale da gregge, è chiaro.

— Aristotele

L'avvento dei social network come li intendiamo oggi, che per semplificare possiamo far coincidere con il lancio pubblico di Facebook nel 2006[1], ha sconvolto il panorama d'uso di internet. Chiacchiere da bar, tazebao, bacheche di annunci, fanzine, giornalismo d'accatto, bollettini medici, diapositive delle vacanze, e via dicendo: tutto questo sottobosco di «informazioni» ha trovato non una, ma decine o addirittura centinaia di nuove casse di risonanza da cui riecheggiare, contribuendo al sovraccarico cognitivo di cui si parlava nel Cap. 1.

Il catalogo dei social network si aggiorna a ogni piè sospinto. Nuovi siti nascono e muoiono in continuazione. Tuttavia, ce ne sono almeno cinque che stanno resistendo negli anni e che possono rappresentare ottime fonti di informazioni, se usati in modo consapevole:

- Facebook;
- Twitter;
- LinkedIn;
- Reddit;
- Quora.

Su questi concentreremo la nostra attenzione in questo capitolo.

6.1 Facebook

Facebook è *il* social network per definizione e non ha bisogno di presentazioni. Nel giugno del 2017 ha raggiunto i 2 miliardi di utenti attivi mensilmente. Una particolarità dei dati immagazzinati su Facebook è che vengono indicizzati soltanto se la loro visibilità è pubblica. Ovvero, non si troveranno attraverso Google i post o le immagini visibili soltanto a un determinato sottoinsieme di utenti.

La ricerca di Facebook è una delle funzionalità forse più sottovalutate di questo social network. Oltre tutto, la ricerca è stata oggetto di qualche polemica negli anni scorsi, soprattutto in occasione dell'introduzione nel 2013 di Graph Search, un motore di ricerca semantico, progettato per dare risposte alle domande degli utenti usando il linguaggio naturale, che fu successivamente disattivato a causa di presunte violazioni della privacy. Anche nell'attualità, le funzioni di ricerca complete sono disponibili soltanto per i profili in lingua inglese, quindi per poter ottenere il massimo da questo strumento prima di tutto dovremo cambiare la lingua[2] di Facebook, come illustrato nella Fig. 6.1.

Fig. 6.1: Impostazioni lingua in Facebook.

A questo punto, scrivendo nella barra di ricerca in alto, accanto al logo con la F, si vedranno comparire molti più suggerimenti di quelli normalmente disponibili. Facebook consente di cercare:

- post;
- persone;
- foto;
- video;
- pagine;
- luoghi;
- gruppi;
- app;
- eventi;
- link.

Nella pagina dei risultati queste categorie compaiono in alto come schede. Sulla sinistra compare una barra laterale con cui filtrare i risultati di ciascuna scheda, come esemplificato nella Fig. 6.2. Il contenuto della barra laterale dipende dalla categoria selezionata nel menu superiore.

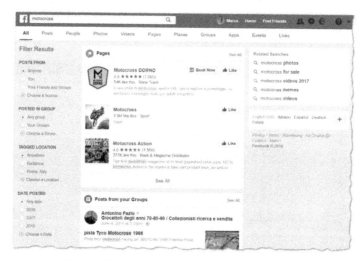

Fig. 6.2: Schermata dei risultati di ricerca in Facebook.

Ad esempio, se stiamo traducendo documenti tecnici di un tosaerba di una certa marca, e dalle foto non riusciamo a capire la conformazione di un certo pezzo, possiamo eseguire una ricerca su Facebook per vedere se qualche utente ha pubblicato foto o video del modello in questione, magari filtrando per data di pubblicazione per limitare la ricerca a modelli anteriori a un certo anno di produzione.

A volte, semplicemente, abbiamo bisogno di recuperare un post visto qualche tempo prima sulla nostra bacheca. Anche in questo caso dobbiamo usare la barra laterale per filtrare la ricerca ai soli messaggi pubblicati da noi o dai nostri amici o dagli amici e i gruppi. Queste sono infatti le tre opzioni disponibili. Se ci ricordiamo anche il gruppo o pagina su cui abbiamo visto il messaggio, lo possiamo inserire nell'apposita casella di testo che compare facendo clic su Choose a Source.

Se invece si desidera cercare i propri messaggi, si può anche visitare l'apposita pagina Registro attività[3]. La casella di ricerca presente in questa pagina non restituisce gli stessi risultati della ricerca normale, per cui si consiglia di ricorrere al Registro attività solo per sfogliare i post e le varie notifiche. Se si ha in mente una ricerca precisa, conviene usare la casella di ricerca abituale.

La ricerca di Facebook si può usare anche per verificare la frequenza e il contesto d'uso di un certo termine. È un'operazione empirica, ma data la quantità di utenti e di messaggi presenti su questo social, può essere estremamente utile per stabilire l'opportunità o meno di usare una certa parola in un testo.

Naturalmente i risultati della ricerca dipendono dalle impostazioni sulla privacy proprie e degli altri utenti. I risultati visualizzati infatti dipenderanno da:

- le connessioni dell'utente con persone, luoghi e cose;
- le impostazioni di visualizzazione dei vari elementi di Facebook;
- amici, connessioni e interessi, che determinano l'ordine dei risultati.
- le impostazioni sulla privacy delle persone.

Si potrebbero visualizzare risultati di estranei perché si fa parte del sottoinsieme di utenti considerato come pubblico del post. Infine, tutti i post contrassegnati come pubblici possono essere visualizzati da tutti, anche dagli utenti esterni a Facebook.

6.2 Twitter

Twitter, come social network che risponde all'interrogativo «che cosa stai facendo adesso?», è il sito effimero per eccellenza. I suoi contenuti, detti *Tweet*[4], sono pensati per una fruizione immediata. Anche per questo fino a qualche anno fa Twitter non consentiva neppure di cercare i Tweet passati. Gli utenti erano costretti a utilizzare sistemi come Topsy o Twime Machine per recuperare i Tweet più vecchi. Attualmente, si può ricorrere all'efficace strumento di ricerca avanzata[5], introdotto nel 2014 da Twitter stesso, che consente ricerche rapide e mirate.

Fig. 6.3: Ricerca avanzata in Twitter.

L'interfaccia è suddivisa in quattro sezioni:

- parole;
- persone;
- posti;
- date.

La prima sezione permette di effettuare una ricerca per parole chiave. È composta a sua volta da diversi campi che permettono rispettivamente di effettuare una ricerca di:

- Tweet che contengono le parole inserite in qualsiasi posizione (corrisponde alla ricerca standard nella barra di ricerca di Twitter);
- Tweet che contengono una frase specifica;
- Tweet che contengono una qualsiasi delle parole inserite;
- Tweet che non contengono le parole inserite;
- Tweet che contengono un hashtag specifico;
- Tweet in una lingua specifica.

La seconda sezione permette di cercare Tweet di specifici utenti. È suddivisa in tre parti che consentono di cercare, rispettivamente:

- Tweet inviati da uno o più utenti;
- Tweet di risposta a uno o più utenti;
- Tweet in cui vengono menzionati uno o più utenti.

Alcune osservazioni:

- se si inseriscono più nomi, vanno separati da uno spazio, non da una virgola (questa regola è valida per tutti i campi);
- lo spazio si comporta come l'operatore OR;
- per eseguire una ricerca di due o più nomi utente, ovvero con l'operatore logico AND (vedi Sez. 5.4.1), si deve inserire l'operatore AND nella casella di ricerca in alto a destra, non nei campi della ricerca avanzata;

- non è necessario aggiungere il simbolo della chiocciolina davanti a un nome utente;
- la ricerca ignora le differenze fra maiuscole e minuscole.

Se si volessero cercare tutti i Tweet che menzionano Barack Obama e Donald Trump, o meglio, i rispettivi account ufficiali di Twitter, si dovrebbe inserire `barackobama AND realdonaldtrump` nella casella di ricerca semplice. Il risultato è indicato nella Fig. 6.4. Tutti i Tweet mostrati contengono un riferimento sia a @BarackObama che a @realDonaldTrump. Si noti che solo uno dei tre Tweet mostrati nella schermata evidenzia i due nomi utente, quello con il riquadro rosso. Negli altri i riferimenti si trovano nella parte nascosta. Ad esempio, nel primo Tweet i nomi @BarackObama e @realDonaldTrump si trovano fra gli «(...) altri 36».

Fig. 6.4: Ricerca contemporanea di più utenti in Twitter.

La terza sezione, Posti, permette di filtrare la ricerca per luogo, ossia di cercare Tweet pubblicati in una località determinata. È possibile selezionare la nazione, la città o il paese specifico che vengono elencati nel menu a tendina. La prima volta che si fa clic sull'icona del segnalino il browser rileva l'ubicazione da cui ci si collega e la suggerisce.

Fig. 6.5: Ricerca per luogo in Twitter.

Tramite la quarta sezione, Data, si filtra la ricerca selezionando i Tweet pubblicati in una certa data o in un intervallo di date. Scegliendo una data dal calendario emergente per uno dei due campi o per entrambi, si possono selezionare:

- i Tweet pubblicati prima o dopo la data selezionata;
- i Tweet pubblicati in un intervallo di date determinato.

Anche Twitter, come Google, è dotato di operatori di ricerca. Si usano direttamente dalla barra di ricerca situata in alto a destra nella schermata della versione web di Twitter. Si tratta dei prefissi seguenti, che devono precedere immediatamente (senza spazi) il termine al quale si riferiscono:

L'operatore...	trova i Tweet...
`from:`	inviati da un utente specifico
`to:`	inviati in risposta a un certo account
`since:2018-04-29`	inviati dalla data 29 aprile 2018, dove la data va sempre espressa come anno-mese-giorno
`until:2018-04-29`	inviati prima della data 29 aprile 2018
`#`	con uno specifico hashtag
`filter:images` o `filter:twimg`	contenenti un'immagine
`filter:native_video`	contenenti un video
`filter:news`	con un link a una notizia
`min_retweets:`, seguito da un numero	con il numero minimo di Retweet indicato
`min_favs:`, seguito da un numero	salvati come preferiti almeno il numero di volte indicato
`lang:`, seguito dal codice della lingua[6]	nella lingua indicata
`filter:safe`	senza contenuti per adulti (l'operatore deve seguire il termine cercato)
`filter:links`	contenenti link (l'operatore deve seguire il termine cercato)
`url:`	in cui il termine indicato si trova all'interno di un URL
`near:`, seguito dal nome di una località	pubblicati nei dintorni della località indicata

Tutti questi operatori possono essere combinati tra loro e, come si è già visto nel Cap. 5 dedicato a Google, solo in tal modo si possono eseguire le ricerche mirate e più utili.

Ad esempio, se si volessero cercare Tweet riguardanti possibili lavori nell'ambito della localizzazione pubblicati nell'ultimo mese in inglese, la query da comporre sarebbe simile a questa: `job OR jobs #l10n OR #l10njobs since:aaaa-mm-dd` (dove `aaaa-mm-dd` va sostituito con la data corrispondente a 30 giorni prima), i cui primi risultati sono quelli illustrati nella Fig. 6.6. I riquadri rossi nell'immagine evidenziano le parole chiave presenti nei Tweet restituiti dalla ricerca.

Fig. 6.6: Ricerca in Twitter filtrata per data.

Oppure, per cercare Tweet riguardanti borse o peluche venduti su Amazon a tematica «unicorni», si può usare una query simile a questa: `unicorn bag OR plush url:amazon`. I risultati sono indicati nella Fig. 6.7

Fig. 6.7: Ricerca in Twitter filtrata per URL.

Tutte queste ricerche possono essere eseguite anche direttamente dalla barra degli indirizzi del browser. Basta inserire l'URL corrispondente alla ricerca stessa codificando l'indirizzo con il metodo *Percent encoding*, cioè tutti i caratteri speciali (quelli non ASCII) vanno sostituiti dal codice corrispondente[7]. A questo scopo esistono convertitori online[8], ma il modo più pratico è quello di eseguire una ricerca avanzata in Twitter, copiare l'URL della pagina dei risultati e quindi manipolarlo a seconda delle necessità, aggiungendo o togliendo operatori. Ad esempio, la ricerca illustrata nella Fig. 6.7 ha un URL simile a questo: `https://twitter.com/search?q=uni-corn%20bag%20OR%20plush%20url%3Aama-zon&src=typd&lang=it`. Se si volessero filtrare i risultati più recenti si potrebbe aggiungere come suffisso `&result_type=recent`. Questo tipo di manipolazione degli URL verrà trattato con più dettagli nel prossimo capitolo.

6.3 LinkedIn

LinkedIn nasce come piattaforma di ricerca di lavoro mediante la compilazione e promozione del proprio curriculum vitae all'interno di una rete di professionisti. Si è successivamente sviluppato in un social network completo, uno tra i più longevi: comparso nel 2003, al 2017 contava più di 500 milioni di utenti registrati in tutto il mondo, con un trend di crescita costante. L'Italia, con 11 milioni di membri, è in Europa il terzo paese per utilizzo, subito dopo Regno Unito (25 milioni) e Francia (16 milioni), sebbene solo un utente su quattro vi acceda quotidianamente[9].

Per quanto riguarda la ricerca, è bene distinguere la ricerca di posizioni lavorative da quella di contenuti. Il primo scenario, quello per cui nasce la piattaforma, è maggiormente strutturato. È possibile infatti cercare cinque categorie distinte, ossia:

* persone;
* offerte di lavoro;
* aziende;
* gruppi;

- scuole o università.

Fig. 6.8: Casella di ricerca in LinkedIn.

Tutte le ricerche partono dall'inserimento del termine di ricerca nella casella presente sul menu, poiché non esiste una pagina separata dedicata alla ricerca avanzata, come in altri social network. Una volta realizzata la prima ricerca, si possono usare i filtri o i cinque operatori disponibili:

- firstname, per trovare membri in base al nome di battesimo;
- lastname, per trovare membri in base al cognome;
- title, per trovare membri in base all'attuale titolo professionale;
- company, per trovare membri in base all'azienda attuale;
- school, per trovare membri in base all'istituto di istruzione frequentato.

Questi operatori possono essere combinati fra loro mediante gli operatori booleani (già visti nella Sez. 5.4.1 del Cap. precedente), ovvero AND, OR e NOT. AND consente di cercare più parole all'interno di una lista, OR ricerca elementi contenenti una parola oppure un'altra e NOT esclude dai risultati gli elementi contenenti una data parola. Inoltre, è possibile usare i doppi apici "..." per cercare una sequenza di parole in un ordine specifico oppure le parentesi tonde (...) per combinare più termini all'interno di ricerche complesse. Gli operatori vanno sempre scritti in maiuscolo, possono essere combinati tra loro, funzionano soltanto nel campo di ricerca principale e non possono essere sostituiti dai segni + e –. L'operatore jolly (*) non è supportato da LinkedIn.

Da notare che, come spesso accade nel mondo dei social network, le nuove funzionalità vengono prima introdotte nell'interfaccia in inglese e solo in seguito nelle altre lingue. Infatti, chi usa LinkedIn in italiano non avrà tutte le funzionalità di ricerca: ad esempio, non può limitare la ricerca ai soli contenuti (cioè ai post e agli articoli pubblicati dagli utenti). Si consiglia pertanto di cambiare la lingua dal menu delle impostazioni.

Ad esempio, per cercare tutti i responsabili acquisti tranne quelli dell'azienda Lionbridge, si potrebbe usare la seguente query: `title:"vendor manager" NOT company:"Lionbridge"`, i cui risultati sono illustrati nella Fig. 6.9. Si noti che non sono state usate virgole fra gli operatori di ricerca e che non è presente alcuno spazio dopo i due punti.

Fig. 6.9: Esempio di ricerca con operatori in LinkedIn.

L'altro modo di circoscrivere i risultati è l'uso dei filtri, che cambiano a seconda dell'oggetto della ricerca. I filtri compaiono nella barra secondaria come menu a discesa. Per visualizzare tutti i filtri disponibili (per la categoria al cui interno si sta cercando), bisogna fare clic su Tutti i filtri o All Filters.

Fig. 6.10: Filtri di ricerca per la categoria Persone.

Se si sta cercando una persona, per circoscrivere il campo della ricerca si possono inserire come parole chiave l'azienda o la qualifica. Tra i filtri opzionali è possibile specificare anche la posizione geografica e il grado di connessione rispetto all'utente.

Le offerte di lavoro possono essere filtrate per i seguenti campi:

- data di pubblicazione;
- nome dell'azienda e sede;
- ruolo e livello di esperienza richiesta;
- altre impostazioni specifiche (al di sotto di 10 dipendenti, all'interno del proprio network, modalità Easy Apply).

Fig. 6.11: Filtri di ricerca per la categoria Offerte di lavoro.

Le ricerche di posizioni disponibili possono anche essere salvate sotto forma di avvisi, con la funzione Crea un avviso di offerte di lavoro (Create search alert). Dopo aver eseguito una ricerca di un'offerta di lavoro, sulla parte destra della pagina dei risultati compare un nuovo pulsante, chiamato appunto Crea un avviso di offerte di lavoro. Facendo clic sul pulsante si apre una finestra in cui selezionare la frequenza, una volta al giorno o una volta a settimana, e il modo in cui si desiderano ricevere gli avvisi, notifica via email, via desktop e mobile o entrambe. In questo modo, l'utente riceverà un avviso ogni qual volta appare una nuova offerta di lavoro corrispondente ai criteri usati. Gli utenti non paganti di LinkedIn possono avere soltanto tre avvisi attivi contemporaneamente.

La piattaforma sta registrando non solo un incremento nel numero di utenti, ma anche un'evoluzione in direzione social. Esattamente come Facebook, anche su LinkedIn ci si può iscrivere a gruppi tematici dove scambiarsi informazioni con esperti e mantenersi aggiornati sulle nuove tendenze del settore. Inoltre, gli utenti possono aggiornare il proprio stato e condividere contenuti multimediali, come articoli, video e presentazioni. L'interazione con altri utenti che avviene attraverso i pulsanti Mi piace, Commenta e Condividi genera un flusso di informazioni che può essere utile andare a ricercare. Se i post sono accompagnati da hashtag, questi contenuti compaiono tra i risultati della ricerca.

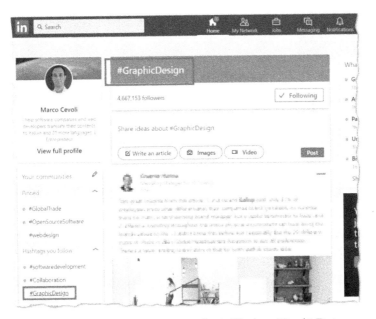

Fig. 6.12: Pagina dei contenuti corrispondenti all'hashtag #GraphicDesign.

In definitiva, anche LinkedIn può rappresentare un'ottima fonte di notizie e contenuti, purché si tenga presente che il suo scopo principale è quello di mettere in comunicazione le persone per lavoro e che quindi anche gli strumenti di ricerca sono calibrati per questa finalità.

6.4 Reddit

Reddit, fondato nel 2005 da Steve Huffman e Alexis Ohanian, è il terzo sito più popolare negli Stati Uniti e il sesto nel mondo[10]. Reddit è un'enorme community online, con oltre 330 milioni di utenti attivi ogni mese, che si organizzano e raggruppano attorno a centinaia di migliaia[11] di sottocomunità (chiamate «subreddit» o anche solo «sub»), ciascuna dedicata a un argomento. Molti utenti usano Reddit come fonte di notizie, ma il sito è anche qualcosa di più. Sulle sue pagine si trovano infatti post, link, immagini, video e commenti. Ciascun contributo (che in inglese è chiamato «post» o «submission») può essere votato, in positivo o in negativo, dagli utenti, i quali determinano così quali contenuti saranno visualizzati nelle prime pagine di ciascun subreddit e, di conseguenza, nelle prime pagine del sito stesso. Poiché qualunque utente può creare una comunità relativa a ciò che desidera, è facile capire che Reddit può essere una vera miniera d'oro di contenuti originali e interessanti anche di nicchia, non sempre reperibili altrove.

Fig. 6.13: Home page di Reddit.

In questo marasma di informazioni è facile perdersi. Tuttavia, esistono almeno tre modi per sfruttare al meglio Reddit:

- iscriversi al sito e ai subreddit che interessano;
- creare multireddit;
- usare le funzionalità di ricerca avanzata.

Innanzi tutto ci si dovrebbe registrare come utenti sul sito, in modo da potersi iscrivere alle comunità (subreddit) che rispondono ai propri interessi. Chiunque troverà almeno un subreddit corrispondente ai propri hobby o ai settori in cui lavora. Una volta iscritti ai subreddit preferiti, questi compariranno nel menu laterale a scomparsa, introdotto con il recente restyling del sito. In origine i subreddit a cui si è iscritti venivano elencati nella barra superiore. La differenza è riscontrabile nelle due figure seguenti.

Fig. 6.14: Elenco dei subreddit a cui si è iscritti nella nuova visualizzazione di Reddit.

Fig. 6.15: Elenco dei subreddit nella visualizzazione precedente.

Un'altra opzione è quella di creare dei cosiddetti «multireddit», ovvero raggruppare i contributi di subreddit diversi sotto una categoria comune per poterli visualizzare insieme. Ad esempio, ci si potrebbe iscrivere a vari subreddit dedicati al cinema e poi creare un multireddit chiamato «cinema» in cui visualizzare tutti i contributi provenienti da questi subreddit[12].

Infine, si possono eseguire ricerche, anche avanzate, o dall'apposita casella o dall'apposita pagina[13]. Qui si possono cercare sia i post degli utenti che i nomi dei subreddit e quelli degli utenti, ma non i commenti ai contributi. Ovvero, se un contributo genera una lunga discussione, come spesso accade, soltanto il contributo iniziale viene indicizzato ed è quindi ricercabile. In alternativa, si può sempre usare Google filtrando la ricerca con `site:reddit.com`, dato che Google indicizza tutti i commenti.

Un altro fattore da considerare è che la ricerca restituisce al massimo 1000 risultati e che è soggetta allo *stemming*, ovvero considera la forma radice delle parole anche quando si cerca la forma flessa (limitatamente alla lingua inglese, l'unica disponibile). Ad esempio, cercando `cats` (al plurale) si otterranno risultati anche relativi a `cat` (al singolare).

Si noti anche che, eseguendo la ricerca da una sezione specifica del sito, ad esempio da un subreddit, è possibile limitare la ricerca all'interno della sezione stessa. Questo filtro è attivabile anche direttamente dalla barra degli indirizzi del browser, aggiungendo il suffisso `&restrict_sr=on` all'indirizzo del subreddit o del multireddit personale o temporaneo.

Esistono vari operatori che consentono di filtrare i contributi, indicati nella seguente tabella:

L'operatore...	trova i contributi...
`author:`	pubblicati da un utente specifico
`flair:`	con il flair[14] corrispondente al testo
`nsfw:` seguito yes o no oppure da 0 o 1	adatti o non adatti a un ambiente lavorativo
`self:` seguito yes o no oppure da 0 o 1	di solo testo, cioè senza link al di fuori di Reddit (se impostato su yes) o meno (se no)
`selftext:`	con un certo testo all'interno del corpo del contributo
`site:`	il cui link appartiene al dominio indicato
`subreddit:`	all'interno del subreddit indicato
`title:`	il cui titolo contiene il termine indicato
`url:`	il cui URL contiene il termine indicato

Questi operatori si possono combinare fra loro, per cercare in vari campi alla volta. Ad esempio, se si volessero cercare foto di auto Ferrari a Monza all'interno del subreddit dedicato alla Formula 1, si potrebbe usare la query `ferrari subreddit:formula1 title:Monza` `site:imgur.com`, che filtra i risultati ai soli link provenienti da Imgur, il servizio di hosting di immagini, e a quelli con la parola «Monza» nel titolo del post. I risultati di questa query sono indicati nella Fig. 6.16.

Fig. 6.16: Risultato di una ricerca complessa in Reddit.

Tutti gli operatori sono *case sensitive*. Se si vuole cercare un testo composto da più parole, le parole vanno racchiuse fra doppi apici. Com'è abituale, anche la ricerca di Reddit può far uso degli operatori booleani AND, OR e NOT (che vanno sempre scritti in maiuscolo), così come delle parentesi per raggruppare i termini in insiemi logici. Per impostazione predefinita tutte le ricerche sottintendono l'operatore AND. Ad esempio, se si volessero cercare tutti i contributi riguardanti la città di Barcellona escludendo quelli dedicati al calcio, si potrebbe inserire la query `title:barcelona NOT (football OR soccer OR FC OR Liga)`.

Un altro trucco interessante, per le ricerche che si eseguono frequentemente, è la possibilità di usare un feed RSS per monitorare i risultati di una certa ricerca. È sufficiente aggiungere il suffisso `.rss` all'URL della ricerca e impostarlo nel proprio aggregatore. Ad esempio, se si volessero ottenere risultati aggiornati corrispondenti alla ricerca `subreddit:politics title:obama`, ovvero post della comunità dedicata alla discussione politica, il cui titolo contiene «Obama», si dovrebbe inserire il seguente URL nel proprio lettore di feed:

```
https://www.reddit.com/r/poli-
tics/search.rss?q=subreddit%3Apoli-
tics%20title%3Aobama&restrict_sr&t=all.
```

Riquadro 6.1. Che cos'è un feed?

Un feed, in italiano «flusso», è un'unità di informazioni formattata in modo da poter essere interpretata e scambiata da diverse applicazioni. RSS è uno degli standard di questi feed (un altro è Atom). Quasi tutti i siti di notizie o che pubblicano articoli periodici consentono di abbonarsi ai loro contenuti attraverso feed. I programmi per gestire e visualizzare questi abbonamenti sono chiamati «aggregatori». Due fra i più noti sono Feedly[15] e Inoreader[16].

6.5 Quora

Quora nasce nel 2009 come piattaforma di domande e risposte per la condivisione di cultura e conoscenza. Sebbene la struttura di base sia simile a quella di Yahoo! Answers e altri siti analoghi, l'obiettivo dei suoi creatori è fornire informazioni approfondite, corrette e di alta qualità. Nel mese di giugno 2017, Adam D'Angelo, uno dei fondatori del sito, dichiarava più di 200 milioni di visitatori mensili per la versione in inglese, mentre si continuano a sviluppare versioni in altre lingue, tra cui spagnolo, tedesco, francese e giapponese. La versione in italiano è stata lanciata in versione beta nel luglio 2017. Anche se al momento la comunità italiana è ridotta, vale la pena tenersi aggiornati sugli sviluppi.

Fig. 6.17: Home page di Quora in italiano dopo aver effettuato l'accesso.

A differenza di altri siti simili, l'attendibilità delle risposte di Quora è garantita da un monitoraggio costante delle risposte e dall'uso di algoritmi avanzati che fanno sì che le risposte ritenute più utili e pertinenti siano visualizzate per prime. Gli utenti possono inoltre valutarle positivamente o negativamente, facendole avanzare nella classifica, con un meccanismo simile a quello già visto per Reddit. Va detto che Quora si impegna maggiormente a mantenere l'apparenza di un forum rispettabile, più che a controllare la qualità intrinseca dei contributi degli utenti. In questo senso, è possibile porre domande o rispondere solo se si è utenti registrati con un nome e un cognome. Grazie a questo screening iniziale, molti fra gli utenti sono solitamente esperti in un dato settore. Non mancano numerosi personaggi noti, come Hillary Clinton, il primo ministro canadese Justin Trudeau e l'ex ministro dell'economia greco Yanis Varoufakis, giusto per citarne alcuni.

Le ricerche in Quora si avviano dalla casella di ricerca posta nella parte superiore della pagina. Da qui si possono ricercare:

· domande;
· persone:
· argomenti.

Gli argomenti sono le categorie di primo livello in cui vengono raggruppate le domande. Dal 2013, a differenza di Reddit, è stata introdotta la ricerca *full-text*, ovvero non vengono indicizzati solo i nomi utente e le domande, ma anche tutte le risposte e i relativi commenti.[17]

Fig. 6.18: Risultato di una ricerca in Quora.

Una volta avviata una ricerca, la pagina dei risultati mostra una barra laterale con una serie di filtri per restringere la ricerca, come si vede nella Fig. 6.18. I filtri presenti al momento sono quelli elencati nella seguente tabella:

Il filtro...	mostra i risultati che...
Domande	compaiono nel testo delle sole domande
Risposte	compaiono nel testo delle sole risposte
Post	compaiono nel testo degli articoli scritti dagli utenti nelle pagine dei loro blog
Profili	compaiono nei nomi dei profili degli utenti
Argomenti	compaiono nei nomi degli argomenti
Blog	compaiono nei titoli e sottotitoli dei blog degli utenti
Tutti gli argomenti	compaiono in tutti gli argomenti
Argomenti che segui	compaiono negli argomenti seguiti dall'utente
Seleziona argomento (va digitato l'argomento)	compaiono nell'argomento indicato
Tutte le persone	sono stati scritti da tutti gli utenti
Persone che segui	sono stati scritti solo dagli utenti che si seguono
Cerca persone (va digitato il nome utente)	sono stati scritti dalla persona indicata
Tutta la cronologia	sono stati scritti in qualsiasi momento
Ultima ora	sono stati scritti nell'ultima ora
Ieri	sono stati scritti nelle ultime 24 ore
La scorsa settimana	sono stati scritti negli ultimi sette giorni
Il mese scorso	sono stati scritti negli ultimi 30 giorni
Scorso anno	sono stati scritti negli ultimi 365 giorni

Quora non permette l'uso degli operatori booleani, né delle parentesi. È tuttavia possibile inserire e combinare i criteri di ricerca direttamente nella barra degli indirizzi del browser, seguendo la sintassi search?q=<termine da cercare>&<filtro>=<valore del filtro> concatenando più filtri. I filtri e i valori vanno scritti in inglese, seguendo la nomenclatura usata dal sito originale. Ad esempio, per trovare tutti i post pubblicati in italiano nello scorso anno sull'argomento SEO si può usare il seguente URL: https://it.quora.com/search?q=SEO&time=year&type =post. Allo stesso modo, per eseguire la stessa ricerca all'interno di Quora in inglese basta sostituire it con www dopo https://, ovvero

```
https://www.quora.com/search?q=SEO&time=year&typ
e=post.
```

---

1. Facebook in realtà era in funzionamento già da un paio d'anni, in quanto
   lanciato da Mark Zuckerberg, Eduardo Saverin e altri studenti il 4 febbraio
   2004, ma con accesso limitato ai soli compagni di università, la celebre Har-
   vard University.

2. Il processo dettagliato per cambiare la lingua dell'interfaccia di Facebook si
   trova alla pagina *Dove posso trovare le impostazioni della lingua?*,
   <https://www.facebook.com/help/327850733950290>, ultima cons.
   24/04/2018.

3. L'indirizzo generico del *Registro attività* è <https://www.fa-
   cebook.com/me/allactivity> e conduce all'attività dell'utente che ha eseguito
   l'accesso sul dispositivo da cui si visita la pagina stessa.

4. Il termine letteralmente significa cinguettio. Nel testo si rispetta la grafia
   scelta da Twitter, cioè Tweet con l'iniziale maiuscola.

5. *Ricerca avanzata di Twitter*, <https://twitter.com/search-advanced>, ultima
   cons. 31/05/2018.

6. Il codice usato per la rappresentazione delle lingue è quello a due lettere ISO
   639-1. L'elenco completo si trova in *List of ISO 639-1 codes*, <https://en.wiki-
   pedia.org/wiki/List_of_ISO_639-1_codes>, ultima cons. 15/06/2018.

7. Per ulteriori informazioni consultare l'articolo (in inglese) *Percent-encoding*
   <https://en.wikipedia.org/wiki/Percent-encoding>, ultima cons.
   20/05/2018.

8. Uno di questi è *URL Decode and Encode*, <https://www.urlencoder.org/>,
   ultima cons. 19/06/2018.

9. Franz Russo, *LinkedIn compie 15 anni: in Italia gli utenti sono 11 milioni ma
   solo il 23% la usa*, 03/05/2018, <https://www.franzrusso.it/condividere-co-
   municare/linkedin-15-anni-italia-utenti-11-milioni-23-percento-la-usa/>, ultima cons. 15/06/2018.

10. *Reddit.com Traffic, Demographics and Competitors - Alexa*,
    <https://www.alexa.com/siteinfo/reddit.com>, ultima cons. 01/06/2018.

11. Il numero esatto di subreddit, che ha oltrepassato il milione agli inizi del 2017,
    è disponibile su reddit metrics, <http://redditmetrics.com/history>, ultima
    cons. 01/06/2018. Questo numero tuttavia comprende anche le sottocomu-
    nità non più attive. L'evoluzione è chiara, se si considera che in un blog post
    del 2015 la cifra era stimata in 850.000. Vedi *Happy 10th birthday to us! Cele-
    brating the best of 10 years of Reddit*, <https://reddit-
    blog.com/2015/06/23/happy-10th-birthday-to-us-celebrating-the-best-of-10-
    years-of-reddit/>, 23/06/2015, ultima cons. 19/06/2018.

12. La procedura dettagliata per creare un multireddit è spiegata in *How to edit multireddit on the new reddit ui (desktop)*, <https://www.reddit.com/r/multireddit/comments/8aqra9/how_to_edit_multireddit_on_the_new_reddit_ui/>, ultima cons. 18/06/2018.

13. La pagina di ricerca è disponibile con l'interfaccia precedente di Reddit all'indirizzo <https://old.reddit.com/search>, ultima cons. 18/06/2018.

14. Reddit usa molti termini con un'accezione propria, fra cui «flair», che indica una categoria applicabile o al nome utente o al post pubblicato. Non tutti i subreddit consentono di aggiungere queste categorie, mentre a volte l'aggiunta è un'operazione riservata ai soli moderatori del sub. Compare come un piccolo riquadro con sfondo colorato posposto al titolo o al nome.

15. *Feedly*, <https://feedly.com/>, ultima cons. 19/06/2018.

16. *Inoreader*, <https://www.inoreader.com/>, ultima cons. 15/01/2019.

17. Xiao Xiao, *Full-Text Search*, <https://blog.quora.com/Full-Text-Search>, 20/03/2013, ultima cons. 19/06/2018.

7. Verificare l'attendibilità delle fonti

La verità di un'affermazione non ha niente a che vedere con la sua credibilità, e viceversa. (Legge di Parker sulle affermazioni politiche)
— Arthur Bloch

Dopo aver visto come effettuare ricerche con i motori di ricerca e sui social, affrontiamo un aspetto critico, quello dell'attendibilità delle fonti. Le informazioni trovate in internet, com'è noto, non sono sempre soggette a controlli esterni o redazionali. Per questa ragione si possono trovare informazioni scorrette, fuorvianti o del tutto false. La responsabilità di valutare l'attendibilità delle fonti ricade sempre sul fruitore. Come già detto nella Sez. 5.5.4, una prima strategia per ottenere informazioni più attendibili consiste nello scremare le fonti, limitando la ricerca ai siti che si ritengono più credibili (ad es. attraverso gli operatori già citati site:, inurl: e allinurl:). Esistono tuttavia anche altri metodi che vedremo in questo capitolo, fra cui:

- considerare che ranking non equivale ad attendibilità;
- prestare attenzione ai termini che danno risultati più soggettivi;
- eseguire una ricerca in più;
- imparare a leggere l'URL della pagina;
- controllare le date;
- informarsi su autore, scopo e destinatari della pagina.

7.1 Ranking e attendibilità

Innanzi tutto, bisogna precisare che cosa s'intende per attendibilità, autorevolezza e popolarità. Nel nostro contesto, «attendibile» significa che il contenuto di una pagina è degno di essere creduto. L'attendibilità è diversa dall'autorevolezza (che è la qualità posseduta da chi ha autorità, per il prestigio, la funzione o il credito di cui gode), anche se nella maggior parte dei casi le voci autorevoli sono anche attendibili. Tutt'altro discorso invece per la popolarità, che indica il favore o il consenso del popolo, della gente, ovvero più semplicemente la diffusione di un certo contenuto online.

Consapevoli di queste differenze, va considerato che l'ordine in cui compaiono i risultati di una ricerca non si basa soltanto sull'autorevolezza. L'autorevolezza di una pagina è solo uno dei numerosi fattori che contribuiscono al ranking, per quanto sia uno dei più importanti[1]. Insomma, così come «l'hanno detto alla tele» non garantisce la veridicità di un'informazione, tanto meno lo garantisce «c'è scritto in Rete».

Un sito viene infatti considerato autorevole quando è riconosciuto come tale da altri siti autorevoli. Questo riconoscimento si esprime sotto forma di backlink, cioè di collegamenti entranti, provenienti da altri siti. I motori di ricerca tengono in particolare considerazione questi link pubblicati su siti importanti, perché partono dal presupposto, piuttosto logico, che se un sito è autorevole, anche le informazioni che pubblica e i link che promuove sono affidabili e di qualità.

Ciononostante, il modo in cui funzionano i motori di ricerca può far sì che il fattore dell'autorevolezza passi in secondo piano e che ai primi posti di una ricerca compaiano i siti più popolari e non quelli più autorevoli o attendibili.

7.2 Termini soggettivi

In particolare, bisogna prestare molta attenzione quando si eseguono ricerche con termini controversi. Nomi di politici, questioni territoriali (Falkland vs Malvinas), eventi molto recenti non ancora del tutto chiariti o interpretati, ecc. possono dare più facilmente luogo a risultati influenzati da componenti soggettive e opinioni faziose.

Fig. 7.1: Pagina di Lercio, testata satirica online.

Attorno ai termini e agli argomenti più controversi, come le vaccinazioni o l'omeopatia, spesso nascono e proliferano contenuti creati dagli utenti che guadagnano popolarità senza avere fondamenti scientifici o autorità. La disinformazione è dietro l'angolo e la battaglia contro di essa e le cosiddette «fake news» (inutile anglicismo per definire le false notizie spacciate come vere) è responsabilità di tutti. Non a caso, anche le istituzioni, come la Commissione Europea, stanno dedicando sempre più tempo e risorse all'analisi del fenomeno e alle contromisure da adottare per contrastarlo. In un report pubblicato nel gennaio del 2018[2] un comitato di esperti ha identificato 5 punti chiave per rispondere a queste minacce:

1. migliorare la trasparenza delle notizie online;
2. promuovere l'alfabetizzazione mediatica e informativa;
3. sviluppare strumenti che consentano agli utenti di affrontare la disinformazione;
4. salvaguardare la diversità e la sostenibilità dell'ecosistema europeo dei mezzi di informazione;
5. promuovere la ricerca continua sull'impatto della disinformazione in Europa.

Anche se non tutti i punti sono applicabili da parte del consumatore di informazioni, è indubbio che tutti i cittadini siano chiamati ad adottare almeno il secondo punto, ovvero a dotarsi delle conoscenze e dei mezzi necessari per non trovarsi indifesi dinanzi a questo fenomeno.

7.3 Una ricerca in più

Si dovrebbe dunque imparare a verificare i fatti, o come dicono gli anglofili, a fare *fact checking*. Per riuscirci, come consigliano anche gli stessi ingegneri di Google, basta soltanto eseguire una ricerca in più[3]. Una sola ricerca addizionale è spesso più che sufficiente per verificare una notizia o un dato. Un esperto di queste «ricerche in più» è il noto debunker Paolo Attivissimo, il cui sito[4] è caldamente consigliato non soltanto per gli argomenti trattati, ma perché di frequente spiega nei dettagli i percorsi intrapresi dal giornalista e dai suoi collaboratori per sfatare tante delle leggende urbane e catene di Sant'Antonio che circolano in internet.

Un altro testo raccomandato è *Verification Handbook. La guida definitiva alla verifica dei contenuti digitali per coprire le emergenze*[5], curato da Craig Silverman e disponibile gratuitamente come ebook in dieci lingue, fra cui l'italiano, accompagnato da altri materiali sullo stesso argomento. Silverman, fra l'altro, pone l'attenzione sulla differenza fra verifica e *fact checking*, il controllo dei fatti. I due termini vengono usati molte volte in modo intercambiabile, ma sono differenti: la verifica è la tecnica o disciplina editoriale usata dai giornalisti per verificare l'accuratezza di una dichiarazione, mentre il controllo dei fatti è uno dei modi di realizzare questa verifica, controllando l'esattezza fattuale delle informazioni. Per quanto piuttosto tecnici, i testi di Silverman rappresentano una lettura proficua per chiunque voglia approfondire il tema.

7.4 Leggere l'URL della pagina

La lettura dell'URL è un'altra abilità che può risultare estremamente utile sia per verificare la credibilità di una pagina, sia per trovare informazioni aggiuntive a partire dall'URL stesso.

Riquadro 7.1. Che cosa significa URL?

URL è l'acronimo della locuzione inglese Uniform Resource Locator, una sequenza di caratteri che identifica univocamente l'indirizzo di una risorsa in internet, quale un documento, un'immagine, un video, di solito memorizzata su un server. Tramite questo identificatore la risorsa diventa accessibile ai dispositivi client che si collegano al server.

Un URL ha la seguente struttura:

```
protocollo://nome.di.dominio/percorso/nomedel-
file.estensione
```

Per spiegarne il significato prendiamo come esempio l'URL di un articolo della pagina di assistenza di Microsoft, illustrata nella Fig. 7.2.

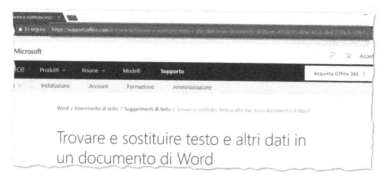

Fig. 7.2: Esempio di URL.

La parte che precede il nome di dominio è il protocollo usato per l'accesso alla risorsa. I protocolli più comuni sono HTTP, HTTPS, FTP, MMS, etc. Nell'esempio si tratta di una connessione sicura (c'è una «s» dopo `http`). Il browser lo indica anche con l'icona a forma di lucchetto in verde. Il browser può interpretare anche altri protocolli oltre a quello HTTP, come `ftp://`, File Transfer Protocol, il protocollo usato per il trasferimento di file, oppure `mailto:` che avvia il programma di posta elettronica.

Dopo il protocollo troviamo il nome di dominio. Tecnicamente si parla di *host*, che può essere rappresentato da un indirizzo IP (una sequenza numerica separata da punti) o appunto da un nome di dominio (che viene convertito in indirizzo IP dal browser usando il servizio DNS). Un nome di dominio è costituito da una serie di stringhe separate da punti, organizzate gerarchicamente partendo da destra (cioè nel verso contrario a quello di lettura). Il dominio di primo livello dell'esempio è .com. Il dominio di primo livello può essere .com, .info, .net, .org o un codice corrispondente a una nazione. Dal 2013 a oggi sono in corso di introduzione migliaia di nuovi domini di primo livello, come .store, .solutions, .design, .world, .science, .pro, etc.

Alcuni domini di primo livello sono riservati e possono fornire indicazioni sulla credibilità e il valore del sito. Per esempio, i domini .edu sono riservati alle università riconosciute dal ministero dell'istruzione statunitense. C'è da dire però che questa restrizione è stata introdotta a posteriori, per cui nell'attualità esistono alcuni domini .edu che non appartengono a università[6]. Va quindi prestata attenzione a non considerare esclusivamente il dominio di primo livello quando si valuta l'attendibilità di un sito.

Dopo il dominio di solito compare un *path*, un percorso, che solitamente corrisponde alla struttura (reale o virtuale) del server, ovvero le cartelle e sottocartelle in cui sono salvati i vari file che compongono il sito. Nell'esempio è /it-it/article/. Il codice della lingua indica che, molto probabilmente, la stessa pagina è disponibile anche in altre lingue. Un trucco molto semplice per ottenere la traduzione di una certa pagina che sappiamo esistere in più lingue è quello di sostituire nell'URL della pagina il codice della lingua di partenza con quello della lingua di arrivo. In questo caso, se si inserisce /es-es/ al posto di /it-it/ si vedrà la pagina in spagnolo, come si può vedere nella Fig. 7.3.

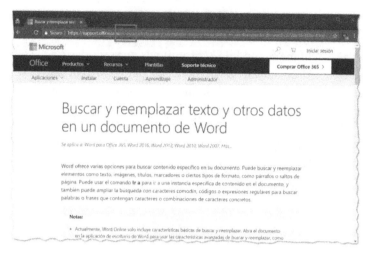

Fig. 7.3: Lo stesso articolo in spagnolo.

Tecnicamente il percorso include anche il nome della risorsa che si sta consultando. Nel caso di siti statici, solitamente l'ultima parte del percorso mostra il nome del file che corrisponde alla pagina visitata. Tuttavia, nell'attualità quasi tutti i siti sono dinamici, cioè la pagina visualizzata viene per così dire «assemblata» dal software che genera il sito nel momento in cui la si richiede. Perciò l'eventuale nome del file mostrato è fittizio, come nell'esempio tratto da Microsoft. Si noti anche che, cambiando il codice della lingua, l'host modifica automaticamente anche la parte finale del percorso, mostrandola in spagnolo.

A seconda del software impiegato da chi crea il sito, dopo il percorso può essere presente un'ulteriore parte, detta *query string* e separata dal resto da un punto interrogativo. Questa stringa di caratteri trasmette al server uno o più parametri. Ad esempio, in un sito di e-commerce, potrebbe passare il numero di prodotti da visualizzare sulla pagina che l'utente ha scelto attraverso un menu a discesa, come mostrato nella Fig. 7.4.

Fig. 7.4: Query string nell'URL di un sito di e-commerce.

Ne abbiamo già incontrato un altro esempio nella Sez. 6.2 del capitolo precedente, dove si spiegava come eseguire ricerche su Twitter direttamente dalla barra degli indirizzi. Analizziamo l'esempio lì citato: `https://twitter.com/search?q=unicorn%20bag%20OR%20plush%20url%3Aamazon&src=typd&lang=it`.

- Protocollo: `https`, connessione sicura.
- Nome di dominio: `twitter.com`.
- Percorso: `/search/`.
- La *query string* è introdotta dalla lettera `q=` seguita dal segno uguale; i termini `unicorn` e `bag` sono separati dal codice `%20` (che corrisponde allo spazio), mentre `plush` è preceduto da `OR` (l'operatore booleano); è presente anche un altro operatore, `url`, i cui due punti sono codificati come `%3A`; altri filtri sono `src=typd`, `lang=it` e `result_type=recent` tutti concatenati con il simbolo `&`.

Una volta compresa la struttura di un URL, si possono manipolare questi indirizzi non solo per accedere in maniera più veloce a pagine che richiederebbero vari clic per essere raggiunte, ma anche per accedere a risorse non accessibili altrimenti. Questo tipo di intervento viene definito anche *URL hacking* e verrà approfondito nel Cap. 8.

121

7.5 Controllare le date

Un altro sistema utile per escludere informazioni non attendibili è quello di filtrare i risultati per data. Per esempio, se si vuole controllare se una determinata citazione è vera, si può cercare quando è stata citata per prima, andando a ritroso nel tempo. Se la citazione ha occorrenze tutte posteriori a una certa data, ciò potrebbe significare che è stata concepita in quella data. Se questa data non è coerente con l'autore della citazione, dobbiamo dubitare della sua veridicità.

Filtrare una ricerca per data, come si è visto nella Sez. 5.5.2, serve anche a stabilire la successione delle notizie. Una notizia eclatante, ma di vecchia data, potrebbe essere stata soppiantata da informazioni più recenti, che è nostro dovere controllare per non cadere in errore.

7.6 Autore, scopo e destinatari

Per poter valutare la credibilità delle informazioni bisogna considerare vari fattori:

* l'autore;
* lo scopo e il destinatario della pagina;
* il livello di oggettività;
* la precisione e l'attualità delle informazioni.

Forse il parametro più strettamente legato all'affidabilità di un'informazione è il suo autore. Non sempre gli articoli pubblicati in internet sono firmati e a volte è complicato risalire all'autore o al curatore di un certo sito. Tuttavia, questo rappresenta di per sé già un indicatore: in linea generale, un sito che nasconde o non cita gli autori ha meno credibilità rispetto a uno che descrive accuratamente i propri collaboratori. Quanto meno, offre all'utente più strumenti per valutare in modo autonomo il valore dei contributi pubblicati.

È dunque opportuno accertarsi che la pagina contenga il nome dell'autore e che le sue credenziali vengano descritte in modo opportuno. Solo così si potrà dedurre se l'autore è qualificato rispetto all'argomento trattato. Un aspetto molto importante è la presenza delle informazioni di contatto e di eventuali link ad altri profili personali (ad esempio il profilo su LinkedIn o il sito personale), dove si potranno trovare ulteriori dettagli sulla persona e completare il quadro.

Per controllare chi c'è dietro un sito web si usa il servizio WHOIS, un protocollo di rete che interroga un apposito database in cui vengono salvati i dati del provider di un sito. Fra questi compaiono anche le informazioni dell'intestatario, cioè di chi ha registrato il dominio stesso. Questi dati sono visibili purché l'intestatario non abbia scelto di oscurare i dati. L'oscuramento viene offerto come opzione dai fornitori di domini. Il servizio è stato di recente limitato delle restrittive leggi sulla salvaguardia della privacy (GDPR) e potrebbe essere ulteriormente circoscritto o addirittura eliminato in futuro.

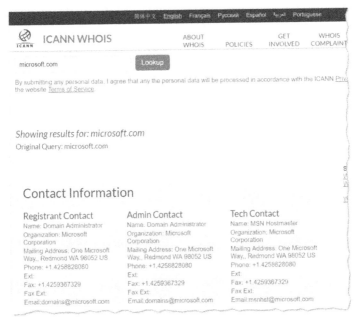

Fig. 7.5: Risultati di una ricerca WHOIS.

In secondo luogo, è importante conoscere lo scopo per il quale è stata creata la pagina web. Il destinatario e l'obiettivo della pagina sono aspetti fondamentali che determinano il tipo di contenuti pubblicati e la loro profondità e accuratezza. Ad esempio, un sito destinato alla formazione di studenti sarà molto diverso da uno che si rivolge ai professionisti di un settore, così come un sito vetrina di un'azienda sarà ben diverso rispetto a una pagina web informativa. Entra in gioco l'oggettività della fonte. Bisogna cioè essere capaci di discernere tra le fonti destinate alla propaganda, quelle che riportano i fatti in modo oggettivo e quelle fonti che esprimono semplici opinioni.

Infine, ci si dovrà soffermare sulla precisione e l'attualità delle informazioni. Quanto più sono accurate, aggiornate e specifiche, tanto più possono essere definite affidabili. Se un'informazione viene presentata più o meno uguale da differenti siti, è più facile che sia veritiera.

In sintesi, la credibilità e l'affidabilità delle informazioni dipendono da:

- una ricerca previa documentata da parte dell'autore delle informazioni;
- una lista di fonti dove si possono verificare le asserzioni dell'autore;
- le istituzioni che supportano la pagina (università, associazioni, gruppi di ricerca, istituzioni politiche o altre istanze competenti);
- il materiale informativo aggiuntivo certificato da istituzioni affidabili che l'autore mette a disposizione per giustificare le proprie tesi.

In conclusione è opportuno:

- essere sempre scettici riguardo alle informazioni trovate nel web e verificarle in modo approfondito;
- essere coscienti che le pagine consultate potrebbero venire disattivate o cancellate, per questo è meglio salvarne una copia offline per ogni evenienza;
- essere coscienti che le informazioni di una pagina potrebbere essere state soppiantate da altre più recenti;

- sapere che internet può a volte presentare informazioni contrastanti e che non tutti i siti possono trovare spazio fra le fonti di un lavoro di ricerca seria.

1. Andrea Minini, *Autorevolezza del sito web*, <http://www.andreaminini.com/seo/autorevolezza-del-sito-web>, ultima cons. 22/06/2018.
2. *A multi-dimensional approach to disinformation: report of the independent high level group on fake news and online disinformation*, Lussemburgo, Ufficio Pubblicazioni dell'Unione Europea, 2018. Disponibile anche come PDF all'indirizzo <http://ec.europa.eu/newsroom/dae/document.cfm?doc_id=50271>, ultima cons. 22/06/2018.
3. «Just do one more search» in Daniel Russell, *Power Searching with Google*, Unit 5 - Checking your facts, <https://coursebuilder.withgoogle.com/sample/unit?unit=47>, ultima cons. 14/03/2018.
4. In una serie di noti articoli Paolo Attivissimo ha spiegato il modo in cui ha smascherato il business dei siti che pubblicano bufale, una rete di pagine web appartenenti a una stessa società. V. Paolo Attivissimo, *Il cinico business delle bufale. Prima parte: Liberogiornale.com*, 16/12/2016, <http://attivissimo.blogspot.com.es/2016/12/il-cinico-business-delle-bufale-prima.html>, ultima cons. 14/03/2018.
5. Craig Silverman (ed.), *Verification Handbook. A definitive guide to verifying digital content for emergency coverage*, 2014. Lo stesso autore ha curato altri due testi, *Verification Handbook for Investigative Reporting* e *Verification Handbook: Additional Materials*, tutti scaricabili dal sito http://verificationhandbook.com.
6. Uno di questi è il sito di un museo di San Francisco, *The Museum of Science, Art and Human Perception, San Francisco - Exploratorium*, <https://www.exploratorium.edu>, ultima cons. 02/07/2018.

8. Questioni di riservatezza

Non so perché le persone siano così entusiaste di rendere pubblici i dettagli della loro vita privata; dimenticano che l'invisibilità è un superpotere.

— Banksy

Quasi tutti i motori di ricerca tengono traccia della cronologia delle ricerche degli utenti per proporre loro risultati personalizzati sulla base dei gusti e degli interessi rilevati. Ad esempio, se sotto Natale cerchiamo un regalo per nostro figlio su un negozio online, nelle settimane successive è probabile che riceveremo pubblicità relative ai giocattoli, non soltanto nella pubblicità mostrata dal motore di ricerca, ma anche in altri programmi che mostrano annunci ad esso collegati. Se da un lato questo comportamento può risultare comodo, perché consente di visualizzare informazioni pubblicitarie mirate, esso può anche inquietare l'utente medio, che potrebbe avere la sensazione di essere controllato ininterrottamente. E non solo: il browser può salvare le password e altri elementi che l'utente potrebbe non voler esporre a rischi di violazione. Fortunatamente, ci sono modi per difendersi da questo.

Va precisato che gli ambienti aziendali fanno storia a sé. Problemi quali lo spionaggio industriale o la ricerca della massima confidenzialità portano molte imprese ad adottare sistemi di navigazione protetti, con meccanismi di accesso pressoché blindati. Gli utenti comuni raramente hanno a che fare con tali sistemi e devono dunque rassegnarsi a mettere in pratica misure palliative a tutela dell'anonimato e della riservatezza. Le misure sotto elencate non garantiscono mai al cento per cento e in tutte le occasioni che l'attività compiuta, sotto forma di ricerche o di navigazione, sia del tutto anonima o riservata.

Inoltre, chiunque tenga davvero alla riservatezza dei propri dati e dei propri comportamenti dovrebbe, in primis, evitare di usare sistemi gratuiti di posta o di immagazzinaggio di risorse online (come Gmail, Google Drive o Dropbox, solo per citarne alcuni), i quali, per la natura stessa del servizio offerto, espongono i dati a occhiate indiscrete da parte degli stessi fornitori del servizio.

In ogni caso, è possibile navigare in maniera anonima, evitando di essere tracciati durante una ricerca, seguendo strategie differenti progressivamente più efficaci, ma anche più complesse da attuare. Queste strategie sono:

- disattivare il tracciamento del browser;
- navigare in incognito;
- usare una connessione VPN;
- usare il sistema Tor.

8.1 Disattivare il tracciamento

La prima strategia efficace per evitare che venga tracciata l'attività di navigazione è la disattivazione del tracciamento dalle impostazioni del browser. Per impedire che il browser registri la nostra attività basta spuntare l'apposita casella nelle preferenze. In alcuni browser, come Safari, il tracking è disabilitato per impostazione predefinita. Per conoscere la procedura esatta, cercare su Google disattivare tracciamento seguito dal nome del browser usato. Si troverà una pagina simile a quella indicata nella Fig. 8.1.

Attivare o disattivare la funzione "Non tenere traccia"

Quando navighi sul Web su computer o dispositivi Android, puoi richiedere ai siti web di non raccogliere o monitorare i tuoi dati di navigazione. Tale funzione è disattivata per impostazione predefinita.

Tuttavia, ciò che accade ai tuoi dati dipende dalla risposta di un sito web alla richiesta. Molti siti web continueranno a raccogliere e a utilizzare i tuoi dati di navigazione per migliorare la sicurezza, fornire contenuti, servizi, annunci e consigli sulle loro pagine e per generare statistiche di reporting.

Chrome non fornisce dettagli su quali siti e servizi web rispettano le richieste Non tenere traccia e su come le interpretano.

Computer   Android   iPhone e iPad

1. Apri Chrome sul computer.
2. In alto a destra, fai clic su Altro ⋮ > Impostazioni.
3. Fai clic su Mostra impostazioni avanzate in basso.
4. Nella sezione "Privacy", seleziona o deseleziona l'opzione Invia una richiesta "Non tenere traccia" con il tuo traffico di navigazione.

Fig. 8.1: Pagina della Guida di Google Chrome sulla funzione antitracciamento.

Va ricordato che questa funzione, così come la navigazione in incognito che si vedrà in seguito, pur non salvando la cronologia delle ricerche dei siti visitati, non impedisce che il nostro passaggio venga comunque salvato dagli stessi siti web visitati oppure dal provider di internet.

8.2 Navigazione in incognito

Se non si vuole disattivare *tout court* il tracciamento, è possibile fare ricorso a un'altra funzione, chiamata modalità «in incognito». Ideata per garantire la privacy quando si usa un computer condiviso, ad esempio quello di una biblioteca o di altro luogo pubblico, questa impostazione fa sì che il browser non salvi i dati della sessione e cancelli (o non registri) tutti i dati memorizzati una volta chiuso.

Chi volesse aumentare di un ulteriore gradino la privacy, può usare apposite estensioni del browser che impediscono il salvataggio di tutti i dati non necessari, o quanto meno avvisano l'utente quando un sito richiede l'accesso ai dati o il suo salvataggio. Come spesso si legge nelle avvertenze di questi sistemi, non accettare i cookie o impedire la registrazione dell'attività può avere come conseguenza un'esperienza utente diversa (leggasi «di peggiore qualità») a quella progettata da chi ha creato il sito.

8.3 VPN

Con l'acronimo VPN si definisce un rete virtuale privata (dall'inglese Virtual Private Network). È privata, perché accessibile soltanto con le opportune credenziali d'accesso, e virtuale perché la connessione non avviene fisicamente, ma attraverso un tunnel virtuale, in modalità solitamente criptata e sicura. Le VPN oscurano le informazioni e impediscono che la sessione utente sia associata a uno specifico indirizzo IP, cioè che possa essere geolocalizzata, consentendo all'utente di navigare senza che si sappia dove risiede fisicamente.

All'atto pratico va installato un apposito programma, con il quale collegarsi a un server remoto e quindi navigare come se si fosse fisicamente ubicati ove si trova questo server. Non si tratta di software complessi riservati agli hacker: al contrario, sono piuttosto intuitivi e usati anche in ambito aziendale. Molte imprese permettono ai loro dipendenti di collegarsi alla rete aziendale tramite VPN per incentivare il telelavoro. I dipendenti installano appunto uno specifico software, un client VPN, che consente loro di lavorare da casa come se si trovassero in ufficio.

Quando si ricorre a una VPN il fornitore di servizi internet può tracciare solo il traffico dal punto di connessione all'ingresso nella VPN. Tutto il resto rimarrà completamente nascosto. Naturalmente, se un utente trasmette dati personali in chiaro (ad esempio compilando un modulo non criptato), sarebbe teoricamente possibile vincolare questi dati a quelli della connessione, ovvero si perderebbe l'anonimato.

L'offerta di servizi VPN è variegata e per l'utente finale è arduo scegliere un fornitore sulla base di criteri oggettivi. La concorrenza è spietata e si susseguono offerte stracciate (poche decine di euro per avere accesso a una rete VPN per tutta la vita!) che rendono ancor più difficile orientarsi. L'unico consiglio è quello di diffidare delle offerte troppo belle per essere vere (per esempio quelle totalmente gratuite) e affidarsi a una società di servizi con sede in un paese le cui politiche di controllo dell'informazione non siano asfissianti o addirittura lesive dei diritti umani.

8.4 Tor

Una misura ancor più efficace per conservare la privacy, adottata contro lo spionaggio aziendale e la censura dei governi, è rappresentata dai software di navigazione anonimi, il più noto dei quali è Tor[1].

Il progetto Tor è costituito da una rete di server che consente a chiunque di collegarsi a internet attraverso una serie di tunnel virtuali, anziché una connessione diretta. Tor è usato dunque da chiunque debba condividere informazioni su reti pubbliche senza compromettere la privacy, come attivisti, mezzi di comunicazione, militari, ma anche singoli cittadini.

Tor è interessante per chi esegue ricerche sul web per due motivi:

* protegge la riservatezza delle proprie ricerche, ma soprattutto
* mostra i risultati delle ricerche senza filtri.

Tor infatti non traccia in alcun modo gli utenti, quindi inserisce nei risultati delle ricerche tutte le occorrenze, anche se si tratta di articoli o siti nascosti o protetti.

Fig. 8.2: Home page del progetto Tor.

Per quanto riguarda la protezione, Tor si focalizza sul salvaguardare il trasporto di dati, che avviene facendo rimbalzare le comunicazioni lungo questo sistema di server ubicati in tutto il mondo, gestiti da volontari e con un indirizzo IP sempre diverso.

In questo modo ogni volta che si stabilisce una connessione con Tor, il software rimbalza il segnale verso un altro server in un'altra parte del mondo. Ciò permette all'utente di salvaguardarsi da chiunque cerchi di apprendere qualsiasi tipo di informazione su di lui mediante la sua connessione internet. Non solo, questo sistema è molto efficace per evitare che i siti visitati riescano a individuare la posizione dell'utente. In questo senso si tratta di un sistema realmente efficace, molto più avanzato e orientato alla sicurezza dell'utente rispetto a quanto esposto finora.

Uno degli svantaggi maggiori di Tor e dei sistemi simili è la performance della connessione. La velocità di trasmissione cala drasticamente quando si usa un browser Tor. Oltretutto, poiché Tor è stato creato e usato da agenzie governative, ed è spesso impiegato da dissidenti politici, giornalisti e persino cybercriminali per eludere la censura e il controllo, i governi sono molto vigili riguardo all'attività degli utenti Tor, al punto che si rischia di essere inseriti in una lista nera solo per il fatto di usarlo.

8.5 Manipolare gli URL

La manipolazione dell'URL di una pagina è la pratica attraverso la quale si modifica manualmente l'indirizzo di una pagina nella barra degli indirizzi del browser, per poter accedere a risorse altrimenti inaccessibili o visualizzare quelle visibili in modi non contemplati dai creatori del sito. Grazie alle ricerche avanzate e alla manipolazione degli URL possiamo scovare contenuti che non comparirebbero con una ricerca semplice.

Nella precedente Sez. 7.4 del Cap. 7 abbiamo visto come esaminare l'indirizzo di una pagina per attestarne la credibilità. In questa sezione vedremo invece qualche strategia per esplorare un sito web modificandone direttamente l'URL.

Gli URL si possono modificare in tre modi: accorciandoli, operando sostituzioni o aggiungendo stringhe. Ciascuna operazione serve per ottenere un risultato distinto, come evidenziato nella tabella seguente:

	Accorciamento	Sostituzione	Aggiunta
Eliminare tracciamento	x		
Esaminare struttura	x		
Cambiare visualizzazione		x	x
Cambiare lingua		x	
Filtrare contenuti		x	x

La manipolazione gioca anche con il fatto che non tutti i webmaster sono sufficientemente esperti da proteggere adeguatamente i dati pubblicati sul proprio sito. Un utente malizioso potrebbe sfruttare queste debolezze per accedere a contenuti di diverso tipo:

* contenuti disponibili soltanto su registrazione, scavalcando la registrazione;
* contenuti archiviati all'interno di un sito ancora disponibili, ma senza un collegamento diretto dal sito stesso;
* contenuti disponibili su cartelle non opportunamente protette.

La conoscenza di queste tecniche non deve costituire un incentivo a commettere reati contro la proprietà o il diritto d'autore.

La prima operazione che si può compiere è eliminare parte della coda dell'URL, per esempio per evitare di essere tracciati. È il caso dei link a prodotti da acquistare il cui URL contiene il codice di affiliazione della persona che sta pubblicizzando il prodotto. Se per qualche motivo non vogliamo che il negozio online attribuisca alla persona la commissione, possiamo eliminare la parte dell'URL che contiene il codice. Quest'operazione è utile ad esempio per condividere il link «pulito» attraverso i social.

Un URL può essere accorciato anche per visualizzare i contenuti di una certa cartella. Ricordiamo che spesso (non sempre) la struttura di un URL riflette la struttura di cartelle e sottocartelle del server, per cui, intervenendo sull'indirizzo possiamo navigare all'interno del server come se stessimo scorrendo le cartelle di quel computer.

Ad esempio, abbiamo trovato un documento interessante attraverso una ricerca e vogliamo vedere se nella stessa cartella ne sono contenuti altri, senza usare necessariamente la navigazione del sito. Se un sito è stato programmato nel modo corretto tale operazione non sarà possibile e riceveremo un errore «403 Permission Denied». Tuttavia, per negligenza, per ignoranza o per scelta, a volte l'amministratore del sito o il sistema usato per pubblicarlo consentono di visualizzare i contenuti di una o più sottocartelle. A quel punto basta indicare nella barra degli indirizzi la sottocartella per vederne il contenuto sotto forma di elenco di cartelle e file.

Vediamo un esempio di manipolazione di URL. Proviamo a cercare `ferrari dino design` unito all'operatore di Google già visto che mostra soltanto i file PDF, cioè `filetype:pdf`.

Fig. 8.3: Risultati della ricerca.

Fra i risultati ci interessa il primo. Aprendolo vediamo che è contenuto all'interno di una cartella chiamata `uploads`, la quale, per inciso, è una delle cartelle standard create da WordPress, il noto sistema per la gestione dei contenuti web. Si ha conferma di questa deduzione dal fatto che il percorso remoto comprende la stringa wp-content dove wp sta appunto per WordPress.

Fig. 8.4: URL del documento PDF.

A questo punto accorciamo l'URL per provare ad accedere direttamente alla cartella uploads, che – come indica il nome – dovrebbe contenere tutti i documenti caricati.

Fig. 8.5: Accesso negato.

In questo caso il sistema impedisce l'operazione, per cui componiamo un'altra query di ricerca limitata a quella cartella, cioè ferrari filetype:pdf   site:.collezionebymag.com/wp-content/uploads, che ci restituisce altri documenti simili a quello iniziale.

Fig. 8.6: Risultati della ricerca con URL modificato.

In questo caso stiamo esaminando documenti che sarebbero rintracciabili anche direttamente dal menu del sito stesso. Nulla vieta però di usare questa tecnica anche per reperire documenti che in teoria non dovrebbero essere liberamente accessibili dal menu, sempre nel rispetto delle norme vigenti.

Un altro modo per manipolare gli URL è la modifica dei suoi parametri. Ad esempio, un catalogo di un negozio online potrebbe scegliere di mostrare un certo numero di risultati per pagina, ma noi, come utenti, potremmo voler risparmiare tempo visualizzandone un numero maggiore. In tal caso basta identificare il numero di risultati nell'URL, che può cambiare di sistema in sistema, ma è pur sempre un numero, e modificarlo di conseguenza, come indicato nella Fig. 7.4. In questo caso è stato sostituito il valore 100 con 200 nell'elenco dei libri dell'editore Mondadori sul sito IBS.

Fig. 8.7: Visualizzazione personalizzata con URL modificato.

Non meno interessante è la possibilità sostituire il codice della lingua di una pagina per poterla visualizzare in una lingua diversa. Ad esempio, se volessimo visualizzare in tedesco il Catalogo accessori Opel, il cui indirizzo è `https://www.opel-accessories.com/opel_aoc/it-IT`, dovremmo semplicemente eliminare la parte `it-IT` e sostituirla con `de-DE`, il codice che corrisponde a «tedesco della Germania», ottenendo `https://www.opel-accessories.com/opel_aoc/de-DE`.

In definitiva, la manipolazione di URL non è che uno strumento in più a disposizione dell'utente per ottenere il massimo dalle inesauribili risorse disponibili su internet.

---

1. *Tor Project | Privacy Online*, <https://www.torproject.org/>, ultima cons. 31/05/2018.

9. Salvare i risultati delle ricerche

Trovare quello che si cerca può essere un processo lungo e faticoso, come ogni fase di documentazione. Per questo è importante sapere come salvare i risultati delle ricerche, così da poterli consultare quando necessario. Possibilmente si dovrebbe usare un sistema strutturato facilmente aggiornabile e consultabile, come un sistema di salvataggio online dei preferiti, piuttosto che uno estemporaneo, come potrebbe essere un documento Word o Excel salvato in locale.

Un sistema strutturato e comodo da usare comporta un risparmio di tempo notevole, poiché permette di organizzare gli URL delle pagine web già visitate, evitando di dover effettuare nuovamente la ricerca. Per le ricerche saltuarie, il salvataggio può avvenire in due modi:

1. all'interno del browser;
2. attraverso sistemi o plugin esterni.

Nelle sezioni seguenti verranno presentati entrambi i metodi e se ne evidenzieranno i principali vantaggi e svantaggi.

9.1 I preferiti del browser

Tutti i browser moderni consentono di salvare l'indirizzo di una pagina in un elenco chiamato «preferiti», «segnalibri» o «bookmark» a seconda del programma. Questo si configura come una lista consultabile di indirizzi URL con eventuale descrizione e categorizzazione attraverso cartelle e sottocartelle o etichette/tag.

La lista di solito viene salvata in locale insieme alle impostazioni dell'utente. Il vantaggio principale di questo approccio è la sua immediatezza. Solitamente basta fare clic su un solo pulsante per salvare l'URL della pagina corrente fra i preferiti. Lo svantaggio è intrinseco al sistema stesso: salvando i preferiti all'interno di un browser, usandone un altro o spostandosi su un dispositivo diverso non si avranno a disposizione i link salvati. Questi link verranno persi anche nel caso in cui si sia costretti a reinstallare il sistema operativo a causa di un guasto. Inoltre, come vedremo più avanti, se si usano vari dispositivi, i preferiti verranno sincronizzati soltanto dopo essersi registrati e aver eseguito l'accesso su ciascun dispositivo.

Il procedimento per salvare un indirizzo di una pagina cambia a seconda del browser. Di solito è anche possibile esportare l'intero elenco per visualizzarlo come pagina web oppure per importarlo in un altro browser o in altri programmi.

Fig. 9.1: Salvataggio di un preferito in Google Chrome.

Ad esempio, se si usa Chrome, è sufficiente andare sui tre puntini in alto a destra, scegliere Preferiti > Aggiungi questa pagina ai Preferiti (oppure, per più pagine, Aggiungi pagine aperte ai Preferiti). Si può anche fare clic sulla stellina trasparente posta all'interno della barra indirizzi, che si colorerà una volta cliccata. I preferiti possono anche essere organizzati e modificati accedendo alla funzione Gestione Preferiti.

Fig. 9.2: Modifica di un preferito in Google Chrome.

Se si vuole salvare la lista per importarla in altri browser, fare clic su Preferiti > Gestione Preferiti > Esporta Preferiti e scegliere la cartella di salvataggio del file in formato HTML.

Per importare i preferiti da un file presente sul proprio computer la procedura è questa: fare clic su Gestione preferiti > Importa preferiti e quindi selezionare il file HTML. Se invece si vogliono importare i preferiti da un altro browser, la procedura è leggermente diversa: andare su Preferiti > Importa Preferiti e impostazioni; dal menu a tendina scegliere il browser (Microsoft Edge, Microsoft Internet Explorer, Mozilla Firefox), poi fare clic su Importa.[1]

Chi lavora con i prodotti Apple, per aggiungere i preferiti a Safari, dovrà posizionarsi con il puntatore sul campo di ricerca smart, fare clic e tenere premuto il pulsante di aggiunta rapida finché non appare l'opzione Preferiti. Un metodo alternativo sta nel trascinare semplicemente l'URL della pagina da salvare nella pagina Preferiti o nella barra Preferiti posta in alto.

9.2 Sincronizzare i preferiti

Quando un utente usa più dispositivi, ad esempio esegue ricerche dal browser del proprio computer, ma anche dallo smartphone, può risultare utile sincronizzare i preferiti, così da averli sempre a disposizione in tutti i dispositivi. Si devono però soddisfare due requisiti:

1. usare lo stesso browser sui vari dispositivi da sincronizzare;
2. eseguire l'accesso al browser su ciascun dispositivo con le stesse credenziali.

Per sincronizzare i preferiti su Chrome, dai tre puntini del menu scegliere Sincronizzazione e, dalla lista, abilitare l'opzione Preferiti. La condizione necessaria è quella di aver effettuato l'accesso a Google da uno dei suoi servizi.

Per attivare la sincronizzazione su Mozilla Firefox, è necessario prima aprire un account su Firefox Sync sul dispositivo principale. Per farlo, dal menu scegliere Accedi a Sync > Crea un account. Una volta attivato l'account verificando l'email ricevuta, effettuare l'accesso sugli altri dispositivi per attivare il processo di sincronizzazione dei contenuti salvati, segnalibri compresi.

Per gli utenti Apple avviene tutto in maniera quasi automatica. Per sincronizzare i contenuti su Safari, infatti, basta avere installato iCloud e aver effettuato l'accesso su tutti i dispositivi (avendo cura di inserire il medesimo ID Apple).

Un'alternativa alla sincronizzazione è l'uso di strumenti esterni, che vedremo nelle sezioni seguenti.

9.3 I preferiti online

Anziché salvare i preferiti in locale sul proprio dispositivo o in remoto appoggiandosi al browser, è possibile usare un servizio esterno. Il vantaggio è evidente: si diventa indipendenti dal dispositivo e dal browser. Inoltre, essendo servizi basati sul web, ci si tutela anche da eventuali perdite di dati dovute a problemi hardware.

All'atto pratico tutti questi sistemi funzionano in modo simile: dispongono di un'interfaccia web, dalla quale è possibile inserire o importare i preferiti, oltre ad avere plugin o estensioni o *bookmarklet* con cui l'utente può salvare di volta in volta le pagine che gli interessano. Ogni sistema ha più di un'estensione, per consentire di aggiungere gli indirizzi da salvare da qualsiasi dispositivo o browser. Normalmente queste estensioni sono presenti nel market di applicazioni del browser e nella pagina dei download del programma stesso.

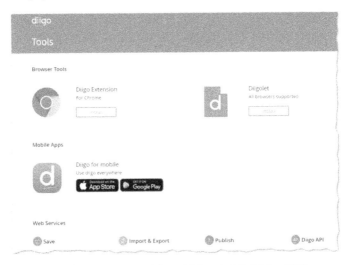

Fig. 9.3: Estensioni per i vari dispositivi scaricabili dal sito di Diigo.

9.3.1 Pinboard

Uno dei sistemi più solidi per il salvataggio online dei preferiti è Pinboard[2]. Pinboard è un'applicazione per il salvataggio di contenuti fondata nel 2009 da Maciej Cegłowski. A giugno 2018 era disponibile in cinque lingue (inglese, francese, giapponese, russo, polacco) e l'iscrizione costava 11 dollari all'anno secondo la formula «numero di utenti moltiplicato per 0,001», dalla quale si deduce che gli utenti siano circa 11.000.[3]

La piattaforma, volutamente scarna e minimalista nell'aspetto grafico, consente principalmente di creare segnalibri a pagine web e liste di URL da leggere in un secondo momento («read later»). Per ciascuna pagina si possono inserire titolo, descrizione e tag per favorirne la catalogazione. Il segnalibro così creato può essere impostato come pubblico o come privato. Ciò garantisce, da un lato, la riservatezza dei contenuti salvati; dall'altro, la possibilità di visualizzare i segnalibri pubblici degli altri utenti ed esplorare i tag più popolari.

Fig. 9.4: Pagina How To del sito di Pinboard.

Un interessante punto di forza del servizio è che, con un upgrade di pochi dollari, il sistema crea copie permanenti delle pagine salvate, così da salvarne i contenuti (limitatamente a quelli testuali) anche in caso di cancellazione delle stesse[4].

Disponibile anche su dispositivi mobili, Pinboard offre la possibilità di salvare i segnalibri anche inviandoli al proprio account tramite email. È inoltre possibile importare i segnalibri da più fonti, tra cui Google Reader, Delicious, Firefox, Diigo, Safari e Google Chrome. Per farlo è necessario esportare prima i preferiti (all'interno della relativa piattaforma) in un formato interpretabile da Pinboard. Per quanto riguarda invece l'esportazione, si può scegliere tra i formati XML, JSON e Netscape Bookmarks. Pinboard è inoltre dotato di un'interfaccia di programmazione (API) che consente il collegamento all'applicazione da parte di altri sistemi.

9.3.2 Diigo

Diigo[5] è un servizio web di social bookmarking, che consente di archiviare e categorizzare pagine web, lanciato nel 2006 che è passato dai circa 2 milioni di utenti[6] del 2011 ai 9 milioni attuali. È disponibile sia in versione gratuita, che a pagamento con funzionalità aggiuntive, come la ricerca a tutto testo. Un aspetto interessante è la possibilità di sottolineare in vari colori parti della pagina e di aggiungere note (veri e propri post-it virtuali) che resteranno associate al segnalibro salvato. L'apparato di commenti può essere condiviso con altri utenti. Inoltre tutti i contenuti salvati possono essere categorizzati mediante tag e raggruppati in cartelle.

Anche Diigo è disponibile per dispositivi mobili e dispone di un'estensione per Chrome e di *bookmarklet* per gli altri browser. Il costo della versione premium dipende dalle funzionalità che si vogliono sbloccare: oltre al piano gratuito (che limita il numero di preferiti salvabili a 500) sono presenti 3 livelli:

- Standard;
- Professional;
- Business.

I prezzi vanno dai 40 dollari all'anno per la versione Standard ai 10 dollari al mese per ogni utente per la versione Business.

Nel complesso Diigo è uno strumento completo per eseguire lavori di ricerca. Gli studenti, ad esempio, possono avvantaggiarsi delle sue funzionalità per lavorare insieme su uno stesso compito e condividerne i contenuti.

9.3.3 Evernote

Evernote è una piattaforma che consente di gestire progetti e team di collaboratori archiviando in un unico posto materiale di vario tipo, come pagine web, immagini e file PDF, nonché di creare note personali. Sviluppato nel 2008 da Stepan Pachikov, conta su scala globale più di 200 milioni di utenti di cui 10 in Italia, dove è stato lanciato nel 2010[7].

Il principale vantaggio di questa piattaforma è la possibilità di condivisione con altri utenti e di sincronizzazione su più dispositivi, in misura variabile in base al tipo di account. Esistono tre piani:

- Basic (gratuito, 60 MB di nuovi upload/mese e sincronizzazione su due dispositivi);
- Premium (59,99 euro all'anno, 10 GB di nuovi upload/mese e sincronizzazione su dispositivi illimitati);
- Business (13,99 euro al mese, 20 GB di nuovi upload/mese + 2 GB/utente, sincronizzazione su dispositivi illimitati).

Gli account Premium e Business consentono inoltre di annotare i PDF (in caso si voglia appuntare qualcosa sui documenti che abbiamo salvato), effettuare scansioni e digitalizzazione dei biglietti da visita, cercare testo in PDF e documenti Office e molto altro.

Evernote dispone di un'utilissima applicazione, chiamata Web clipper, che è quanto di meglio si possa trovare per salvare i contenuti dal web. Consente infatti di salvare interi articoli, articoli semplificati o soltanto una selezione. Inoltre permette di creare screenshot della pagina nelle dimensioni che si desiderano, e di annotare la pagina con un completissimo set di strumenti (evidenziatore, frecce, note testuali, etc.), tutto questo lasciando comunque all'utente la possibilità di salvare il link come semplice segnalibro.

Da questa breve panoramica, Evernote sembrerebbe l'applicazione ideale per salvare i risultati delle ricerche in quanto consente addirittura di annotarvi sopra appunti personali[8]. Tuttavia, la privacy non è il suo aspetto forte. Dal 2017, infatti, Evernote ha impostato un controllo umano sulle note allo scopo di facilitare il lavoro di strumenti informatici necessari al monitoraggio del servizio e al suggerimento di nuove funzionalità. Per una garanzia di totale riservatezza sui propri documenti è quindi necessario criptare singolarmente le note[9].

9.3.4 OneNote

OneNote è lo strumento per la produttività ideato da Microsoft nel 2003[10]. Inizialmente distribuito soltanto all'interno della suite di Microsoft Office, adesso è incluso in Windows 10 ed è possibile scaricare l'app singola sia per Mac che per Android. Il programma consente di creare più blocchi note suddivisibili in sezioni tematiche e, a loro volta, in pagine, come se si lavorasse all'interno di una tipica agenda ad anelli (i cosiddetti *organizer*). Ciascuna pagina può essere utilizzata per raccogliere i propri contenuti, siano essi testi o disegni inseriti a mano, allegati (PDF, immagini, note audio) e naturalmente link. Ciascun contenuto può essere evidenziato mediante tag e catalogato come «importante» o «da fare», etc. L'applicazione è multipiattaforma e permette la sincronizzazione su più dispositivi, nonché la condivisione con altri utenti.

OneNote non consente di inserire direttamente alcuni tipi di file (come Word ed Excel) nella pagina di appunti, ma grazie alla funzione di allegato è possibile caricare tali file sulla pagina dei nostri appunti, dalla quale saranno scaricabili[11]. Tra le funzionalità disponibili vi sono il riconoscimento ottico dei caratteri mediante OCR, in modo da poter intervenire a mano su un file immagine[12], e la possibilità non soltanto di salvare intere pagine web, ma anche di ritagliarne porzioni.

OneNote è molto completo e rivaleggia con Evernote come miglior applicazione per prendere appunti e fare ricerche[13]. Uno degli svantaggi principali è che la versione per Mac non offre tutte le funzionalità di quella per Windows. Essendo un prodotto Microsoft, ciò non dovrebbe sorprendere.

9.3.5 Pocket

Pocket, nato nel 2007 e acquisito nel 2017 da Mozilla Corporation, la branca commerciale del gruppo di sviluppo che distribuisce il browser Firefox, è un sistema che consente di salvare articoli e altri link per poterli consultare più avanti. Non a caso il primo nome di questa applicazione era Read It Later, «leggilo dopo».

L'applicazione contava nel 2015 oltre 17 milioni di utenti e più di un miliardo di elementi salvati[14]. Dal 2015 è integrato in Firefox, ovvero lo si trova preinstallato senza necessità di scaricarlo a parte.

Tutti i link e gli elementi salvati (articoli, blog post, video, etc.) sono archiviati su server remoti. Il tutto può essere sincronizzato sui diversi dispositivi di uno stesso utente: in questo modo, ad esempio, si può salvare un articolo visto sul computer dell'ufficio per poi leggerlo sul proprio ebook reader una volta tornati a casa (purché entrambi abbiano la relativa app, che è disponibile per Windows, macOS, Android, BlackBerry, eReader Kobo e altri sistemi). La forza del sistema è proprio la sua natura multipiattaforma.

La versione base di Pocket è gratuita, ma è disponibile anche in versione Premium a pagamento. Con la versione Premium non si visualizzano i contenuti pubblicitari, viene salvata una copia permanente degli articoli e delle pagine aggiunte al proprio elenco, le funzioni di ricerca e di tagging sono potenziate e migliorate.

---

1. Consultare le procedure esatte per il proprio b rowser facendo clic sull'aiuto in linea del programma, di solito raggiungibile premendo il tasto F1 della tastiera.

2. *Pinboard: social bookmarking for introverts*, <https://pinboard.in>, ultima cons. 11/08/2018.

3. Alessandra Farabegoli, *Sopravvivere alle informazioni su Internet: rimedi all'information overload*, Milano, Apogeo, 2012.

4. *Pinboard: howto page* <https://pinboard.in/howto/>, ultima cons. 11/08/2018.

5. *Diigo - Better reading and research with annotation, highlighter, sticky notes, archiving, bookmarking & more.* <https://www.diigo.com/>, ultima cons. 11/08/2018.

6. *How many users does Diigo have - Quora*, <https://www.quora.com/How-many-users-does-Diigo-have>, ultima cons. 11/08/2018.

7. Marco [senza cognome], *Evernote raggiunge il traguardo dei 10 milioni di utenti*, <https://www.italiasw.com/evernote-raggiunge-il-traguardo-dei-10-milioni-di-utenti/>, ultima cons. 11/08/2018.

8. *Confronta le funzioni produttività gratuite e Premium | Evernote*, <https://evernote.com/intl/it/get-started>, ultima cons. 11/08/2018.

9. *Evernote e privacy: le tue note leggibili dagli impiegati [aggiornato]* <https://www.accuratereviews.com/it/evernote-e-privacy-le-tue-note-leggibili-dagli-impiegati/>, 15/12/2016, ultima cons. 11/08/2018.

10. Michele Nasi, *Cos'è e come usare OneNote per prendere note e appunti*, <https://www.ilsoftware.it/articoli.asp?tag=Cos-e-e-come-usare-OneNote-per-prendere-note-e-appunti_11869>, 18/02/2015, ultima cons. 11/08/2018.

11. Andrea Pettinari, *OneNote: cos'è e come funziona il "blocco note" di Microsoft*, <https://www.ridble.com/onenote/>, 23/05/2018, ultima cons. 11/08/2018.

12. CNET Reviews Staff, *Microsoft Office OneNote 2003*, <https://www.cnet.com/products/microsoft-office-onenote-2003-beta-2/preview/>, 09/05/2003, ultima cons. 11/08/2018.

13. Rob Nightingale, *5 Reasons Why Evernote Is Still Better Than OneNote*, <https://www.makeuseof.com/tag/evernote-better-onenote/>, 28/10/2016, ultima cons. 11/08/2018.

14. Russel Brandom, *Pocket built a save button for the internet — what's next?*, <https://www.theverge.com/2015/9/8/9277425/pocket-save-button-ceonate-weiner-small-empires>, 8/09/2015, ultima cons. 15/01/2019.